Nés en
1983

Le livre de ma jeunesse

Tous les souvenirs de mon enfance et de mon adolescence

À Marilù et Popeline

Les auteurs tiennent à remercier Michel Fenioux, témoin indéfectible de leurs aventures éditoriales, Maud Sinet et Jean-Pierre Bouyxou pour leur complicité permanente, Yves Adrien et Stéphane Molinier pour leur inestimable soutien, ainsi que Christian Eudeline, Romain Hannebert, Christian Marmonnier, François Jouffa, Paulette, Denis et Patricia Chollet, Suzanne Leroy, Madeleine et Claude Léger, et François Julien, qui ont bien voulu ouvrir leurs collections et contribuer à la réalisation de cet album. Et bien entendu Isabelle Lerein, Carola Strang, Christophe Salet, Mathilde Delattre-Josse, Laetitia Matusik et toute l'équipe des Éditions Hors Collection, sans qui cet ouvrage n'aurait pu voir le jour.

ISBN 978-2-258-10137-1
Numéro d'éditeur : 1285

Conception graphique :
Mathilde Delattre-Josse
mathildedelattre@wanadoo.fr

Achevé d'imprimer en Italie par Zanardi.
Dépôt légal : janvier 2013

Retrouvez-nous sur Internet : www.horscollection.fr
et www.facebook.com/HorsCollection

Hors Collection | un département **place des éditeurs**

place des éditeurs

Nés en
1983

Le livre de ma jeunesse

Tous les souvenirs de mon enfance et de mon adolescence

Armelle Leroy • Laurent Chollet

HORS }{ COLLECTION

ALMANACH DES P.T.T. 1983

JANVIER

Les jours augmentent de 1 h 07

1	S	JOUR de l'AN	
2	D	Epiphanie	
3	L	Geneviève	01
4	M	Odilon	
5	M	Edouard	
6	J	Melaine	
7	V	Raymond	
8	S	Lucien	
9	D	Bapt. du Seign.	
10	L	Guillaume	02
11	M	Paulin	
12	M	Tatiana	
13	J	Yvette	●
14	V	Nina	
15	S	Remi	
16	D	Marcel	
17	L	Roseline	03
18	M	Prisca	
19	M	Marius	
20	J	Sébastien	
21	V	Agnès	
22	S	Vincent	
23	D	Barnard	
24	L	François S.	04
25	M	Conv. s. Paul	
26	M	Paule	
27	J	Angèle	
28	V	Thomas d'A.	
29	S	Gildas	
30	D	Martine	
31	L	Marcelle	05

FÉVRIER

Les jours augmentent de 1 h 34

1	M	Ella	
2	M	Présentation	
3	J	Blaise	
4	V	Véronique	
5	S	Agathe	
6	D	Gaston	
7	L	Eugénie	06
8	M	Jacqueline	
9	M	Apolline	
10	J	Arnaud	
11	V	N.D. Lourdes	
12	S	Félix	
13	D	Béatrice	●
14	L	Valentin	07
15	M	Mardi gras	ja
16	M	Cendres	
17	J	Alexis	
18	V	Bernadette	a
19	S	Gabin	
20	D	Carême	
21	L	Pierre Dam.	08
22	M	Isabelle	
23	M	Lazare	QT
24	J	Modeste	
25	V	Roméo	a
26	S	Nestor	
27	D	Honorine	
28	L	Romain	09

COMPUT 1983

Nombre d'or 8, Cycle solaire 4
Épacte 16, Lettre dominicale B

MARS

Les jours augmentent de 1 h 51

1	M	Aubin	
2	M	Charles le Bon	
3	J	Guénolé	
4	V	Casimir	a
5	S	Olive	
6	D	Colette	
7	L	Félicité	10
8	M	Jean de Dieu	
9	M	Françoise	
10	J	Mi-Carême	
11	V	Rosine	a
12	S	Justine	
13	D	Rodrigue	
14	L	Mathilde ●	11
15	M	Louise	
16	M	Bénédicte	
17	J	Patrice	
18	V	Cyrille	a
19	S	Joseph	
20	D	Herbert	
21	L	Clémence	12
22	M	Léa	
23	M	Victorien	
24	J	Catherine Su.	
25	V	Annonciation	a
26	S	Larissa	
27	D	Rameaux	
28	L	Gontran	13
29	M	Gwladys	
30	M	Amédée	
31	J	Benjamin	

AVRIL

Les jours augmentent de 1 h 43

1	V	Vendredi St	ja
2	S	Sandrine	
3	D	PAQUES	
4	L	Isidore	14
5	M	Irène	
6	M	Marcellin	
7	J	J.-B. Salle	
8	V	Julie	
9	S	Gautier	
10	D	Fulbert	
11	L	Stanislas	15
12	M	Jules	●
13	M	Ida	
14	J	Maxime	
15	V	Paterne	
16	S	Benoit-J. L.	
17	D	Anicet	
18	L	Parfait	16
19	M	Emma	
20	M	Odette	
21	J	Anselme	
22	V	Alexandre	
23	S	Georges	
24	D	Souvenir Dép.	
25	L	Marc	17
26	M	Alida	
27	M	Zita	
28	J	Valérie	
29	V	Catherine Si.	
30	S	Robert	

Printemps, 21 mars à 4 h 39 mn

MAI

Les jours augmentent de 1 h 18

1	D	FETE TRAVAIL	
2	L	Boris	18
3	M	Jacques/Phil.	
4	M	Sylvain	
5	J	Judith	
6	V	Prudence	
7	S	Gisèle	
8	D	VICT. 45 J.-A.	
9	L	Pacôme	19
10	M	Solange	
11	M	Estelle	
12	J	ASCENSION	●
13	V	Rolande	
14	S	Matthias	
15	D	Denise	
16	L	Honoré	20
17	M	Pascal	
18	M	Eric	
19	J	Yves	
20	V	Bernardin	
21	S	Constantin	
22	D	PENTECOTE	
23	L	Didier	21
24	M	Donatien	
25	M	Sophie	QT
26	J	Bérenger	
27	V	Augustin	
28	S	Germain	
29	D	Fête des Mères	
30	L	Ferdinand	22
31	M	Visitation	

JUIN

Les jours augmentent de 14 mn

1	M	Justin	
2	J	Blandine	
3	V	Kévin	
4	S	Clotilde	
5	D	Fête-Dieu	
6	L	Norbert	23
7	M	Gilbert	
8	M	Médard	
9	J	Diane	
10	V	Sacré-Cœur	
11	S	Barnabé	●
12	D	Guy	
13	L	Antoine P.	24
14	M	Elisée	
15	M	Germaine	
16	J	Jean-Fr. Régis	
17	V	Hervé	
18	S	Léonce	
19	D	Fête des Pères	
20	L	Silvère	25
21	M	Rodolphe	
22	M	Alban	
23	J	Audrey	
24	V	Jean-Baptiste	
25	S	Prosper	
26	D	Anthelme	
27	L	Fernand	26
28	M	Irénée	
29	M	Pierre et Paul	
30	J	Martial	

Été, 21 juin à 23 h 09 mn

Photo Pictor Aarons - Paris

65 Que l'importance soit dans ton regard, non dans la chose regardée

André Gide

OBERTHUR

SOMMAIRE

1983 Les grands événements

23 janvier 1983 :
Björn Borg : à 26 ans, au sommet de sa gloire, le tennisman suédois annonce la fin de sa carrière professionnelle.

27 janvier 1983 :
Louis de Funès : décès à Nantes du plus célèbre acteur comique du cinéma français.

Février 1983 :
VIH : découverte du virus de l'immunodéficience humaine (VIH) à l'Institut Pasteur par l'équipe du professeur Montagnier.

3 mars 1983 :
Décès de Georges Rémi (alias Hergé), le père de Tintin, à l'âge de 75 ans.

5 février 1983 :
Klaus Barbie : expulsé de Bolivie, le « boucher de Lyon » est écroué à Lyon et inculpé de « crimes contre l'humanité ».

9 avril 1983 :
Navette Challenger : après cinq jours de vol, la navette spatiale américaine achève sa première mission (réussie) dans l'espace.

Juin 1983 :
Morgane de toi : sortie sur le label Polydor de l'album de Renaud dont sera notamment extrait « Dès que le vent soufflera ».

16 mai 1983 :
Moonwalk : Lors du 25e anniversaire de la Motown, Michael Jackson exécute pour la première fois publiquement son célèbre pas de danse sur le titre « Billie Jean ».

5 juin 1983 :
Roland-Garros : Yannick Noah remporte le tournoi en battant Mats Wilander. C'est le premier tennisman français à gagner ce tournoi depuis 1946.

24 juillet 1983 :
Laurent Fignon : le cycliste français remporte la 7e édition du Tour de France.

Août 1983 :
Carl Lewis : l'athlète américain entre dans la légende en remportant trois médailles d'or aux premiers championnats du monde d'athlétisme, qui ont lieu à Helsinki.

27 juillet 1983 :
Madonna : la madone sort son premier album aux États-Unis. Sobrement intitulé « Madonna », il sera rebaptisé *First Album* pour sa sortie sur le marché européen, en 1985.

26 septembre 1983 :
Tino Rossi : décès à Neuilly-sur-Seine du célèbre interprète de Petit papa Noël, à l'âge de 75 ans.

Septembre 1983 :
Tour Eiffel : la Dame de fer accueille son 100 000 000e visiteur. Mireille Mathieu lui remet les clés d'une voiture offerte par Citroën.

Septembre 1983 :
Cargo de nuit : Jean-Baptiste Mondino signe le clip du premier single d'Axel Bauer. Ce sera le premier clip français à être diffusé sur MTV.

11 août 1983 :
Opération Manta : afin de contrer l'intervention de l'armée libyenne sur le territoire tchadien, la France envoie 314 parachutistes français à N'Djamena.

28 septembre 1983 :
Les Mystérieuses Cités d'Or : Antenne 2 diffuse pour la première fois le célèbre feuilleton télévisé d'animation dans l'émission Récré A2 .

5 octobre 1983 :
Lech Walesa : le syndicaliste polonais obtient le prix Nobel de la Paix pour son action au sein de Solidarnosc.

23 octobre 1983 :
Attentat du Drakkar : cet attentat-suicide au camion piégé contre le quartier général des parachutistes français à Beyrouth fait 58 morts et 15 blessés.

21 décembre 1983 :
Tchao Pantin : sortie en salle du film de Claude Berri, avec Coluche dans le rôle principal.

Ils sont nés en... 1983

01/02/1983
MARILOU BERRY
actrice française

21/02/1983
MÉLANIE LAURENT
actrice française

22/02/1983
JR
artiste et photographe

07/04/1983
FRANCK RIBÉRY
footballeur international français

13/05/1983
† 30 avril 2007
GRÉGORY LEMARCHAL
chanteur français

01/05/1983
ALAIN BERNARD
nageur français

15/06/1983
AURÉLIE VANECK
actrice française (notamment dans la série *Plus belle la vie*)

14/06/1983
LOUIS GARREL
acteur français

18/08/1983
MIKA
chanteur, auteur et compositeur britannique

03/08/1983
CHRISTOPHE WILLEM
chanteur, auteur et compositeur français

14/09/1983
† 23/07/2011
AMY WINEHOUSE
chanteuse, auteur et compositeur britannique

15/11/1983
LAURA SMET
actrice française

Et pour la première fois cette année-là...

Red Hot Chili Peppers

Formation à Los Angeles du groupe de rock Red Hot Chili Peppers.

Le compact-disc

Commercialisation en France des premiers compact-discs.

Mario Bros

Sortie du jeu Mario Bros sur console Nintendo.

Le synthétiseur numérique

Lancement du premier synthétiseur numérique grand public, le Yamaha DX-7, utilisé dans de nombreux morceaux des années 1980.

Les Bisounours

Première apparition des Bisounours dans un dessin animé.

La Peugeot 205

Sortie de la Peugeot 205.

La Swatch

Début de commercialisation de la Swatch, la première montre jetable, créée par l'industriel suisse Nicolas Hayek.

LA CHAMBRE D'UN ENFANT

Si je veux !

Nourris à la publicité et à la télévision, les enfants décident eux-mêmes de la décoration de leur chambre.

Papier peint à thème sur les murs, meubles colorés et adaptés à leur taille, lit bateau ou mezzanine originale, bureau et chaises ergonomiques, les parents s'investissent dans l'aménagement des chambres de leurs enfants. Ils veulent qu'elles soient tout à la fois pratiques, plaisantes, ludiques et qu'elles les fassent rêver. Les magasins de meubles en kit permettent de créer un espace agréable à petit prix. Les parents doivent ensuite se transformer en super-bricoleurs pour assembler les pièces. Pleins d'enthousiasme, ils se retrouvent face à des jeux de construction grandeur nature fort compliqués, à des notices en suédois, à des pièces manquantes, mais ils finissent presque toujours par arriver au bout de leur montage. La décoration se fait en étroite collaboration avec les enfants. Ils imposent leurs goûts parfois improbables car très influencés par les publicités et la télévision. Les héros sont omniprésents : Barbie, G.I. Joe, Mickey, Minnie et leurs amis ainsi que les personnages des dessins animés de Disney se retrouvent partout, sur les lampes, les housses de couette et même sur les murs. Des posters avec des vélo-cross, des voitures ou des animaux surchargent encore la chambre. Pour essayer de ranger les nombreux jouets, des bacs en plastique s'empilent. Lorsque les parents se séparent, chaque conjoint tente de recréer dans son appartement respectif un espace agréable pour ses enfants, afin d'essayer d'atténuer le traumatisme du divorce.

La mode des jouets en bois prouve un désir de retrouver des valeurs authentiques.

Les stigmates de la crise

Les murs continuent de refléter les passions des ados, mais quand les difficultés du quotidien empoisonnent l'atmosphère familiale, la chambre cesse d'être un refuge.

Les chambres des adolescents ressemblent à leurs occupants. Les premiers de la classe aiment un bureau rangé, des livres bien alignés, un poster d'Einstein ou une reproduction de Robert Doisneau. D'autres ont une prédilection pour les Stones ou pour Kurt Cobain, quelques-uns choisissent des icônes indémodables comme Marilyn Monroe ou Bob Marley. Les filles tapissent leurs murs de photos de top models, les garçons n'hésitent plus à imposer des actrices à demi dévêtues au côté de Ferrari et de Porsche rutilantes. Les jeunes cinéphiles collectionnent les revues *Première* et *Studio* et mettent sur leurs murs des affiches de films.

LA CHAMBRE D'UN ADO

Un poste de radio, un lecteur de CD, une console de jeux... l'évasion toujours à portée de mains.

Les parents n'intercèdent pas dans la sélection de la décoration. Les mères se fâchent lorsqu'un inimaginable capharnaüm règne, mais souvent sans succès. Les meubles sont customisés et revisités par les plus créatifs car ils sont moins renouvelés qu'autrefois, les crises successives ont affaibli le pouvoir d'achat des classes moyennes. D'ailleurs, si la plupart des adolescents sont choyés, d'autres connaissent des conditions de vie difficiles. Le chômage frappe durement une partie de la population. Souvent installées dans les périphéries des grandes villes, ces familles modestes cohabitent dans des conditions précaires. Les chambres ne sont plus des refuges. Les jeunes se regroupent au pied de leur immeuble avec leurs copains et tentent ainsi d'échapper à une atmosphère familiale éprouvante, générée par les soucis de la vie quotidienne.

Produits dérivés, cadeaux publicitaires, objets souvenirs... les ados accumulent les gadgets de toutes sortes.

LA CLASSE D'UN ENFANT

C'est quand la récré ?

Pas facile de se concentrer quand même les fournitures scolaires se disputent notre attention. Mais les nouveaux « professeurs des écoles » savent aussi se montrer inflexibles…

Plus d'instituteur ni d'institutrice, plus de maître ni de maîtresse, mais désormais des professeurs des écoles ! Tout frais émoulus de l'IUFM et bardés d'au moins une licence, les nouveaux enseignants arrivent au début des années 1990 dans les écoles et provoquent une mini-révolution au sein des établissements. La cohabitation avec les instituteurs et institutrices moins diplômés qu'eux mais plus expérimentés s'avère parfois difficile. Quant aux élèves, ils s'enthousiasment face à ces jeunes professeurs dynamiques. Mais certains enfants déchantent vite car si ces enseignants se montrent plus à l'écoute lors des moments de détente, ils sont intransigeants en classe. Il est vrai qu'ils doivent affronter une nouvelle génération d'élèves, qui ont reçu une éducation moins rigide et qui ont souvent une fâcheuse tendance à se comporter en enfants-rois. Il faut savoir se faire respecter sans recourir aux punitions - la plupart sont interdites - et boucler le programme avant la fin de l'année. Le pire ennemi des professeurs reste le gadget ! Car il est désormais partout : dans les sacs à dos à l'effigie des héros préférés, la trousse regorge de stylos lumineux, de crayons parfumés, et de taille-crayons musicaux. Le cahier de textes est une source de distraction : histoires drôles et anecdotes fourmillent à l'intérieur. Dans les poches du sac, on trouve le gluant mélange de biscuits pour le goûter, la collection de Pog, les vignettes Panini, les mini-poupées et les voitures miniatures.

De nombreux parents optent pour les cours privés car ils considèrent la discipline plus rigide et le niveau plus élevé.

Comme un malaise...

Déscolarisation, violences scolaires, « lycées poubelles »... dans les années 1990, l'éducation fait débat, les parents paniquent... et les ados perdent confiance en l'avenir.

Après avoir remporté au cours du XXe siècle la formidable victoire de scolariser jusqu'à 16 ans tous les enfants et de faire presque disparaître l'illettrisme, le système scolaire se trouve confronté à de nouveaux problèmes à la fin des années 1990. Si toutes les couches sociales peuvent théoriquement accéder aux études supérieures, une partie des jeunes semblent les grands perdants de l'enseignement moderne. Très souvent, il s'agit des jeunes issus de l'immigration et habitant dans les périphéries des villes. Face à leur détresse, l'école se montre impuissante et, à 16 ans, ils se retrouvent déscolarisés, sans formation, sans avenir. Ils se tournent parfois vers la violence pour exprimer leur mal-être. Les ministres de l'Éducation qui se succèdent tentent de trouver

Signe des temps : Dans le film* Le Plus Beau Métier du monde*, Gérard Depardieu incarne un enseignant muté dans un collège « sensible » de banlieue parisienne...

LA CLASSE D'UN ADO

des solutions pour remonter, dès la sixième, le niveau de certains préadolescents. Le développement des orientations « positives » (Jack Lang) vers les branches techniques et professionnelles offre de nouvelles alternatives. On constate également une dichotomie entre les « bons » et les « mauvais » établissements. Certains parents sont prêts à tout pour obtenir une place pour leurs adolescents dans un collège ou un lycée dont la réputation leur semble meilleure. Mais même chez les jeunes les plus chanceux, le bac est loin d'être une finalité. Malgré ce sésame indispensable pour accéder aux études supérieures, beaucoup d'entre eux ont du mal à se projeter dans l'avenir.

LES JOUETS DES FILLES

Océan de choix pour petites sirènes

Les poupées se multiplient et prennent vie pour séduire les petites filles, tandis que les produits dérivés Disney et les jeux d'imitation se disputent leurs faveurs.

La période de Noël provoque une effervescence incroyable dans les cours de récréation. Les projets se multiplient car les fêtes de fin d'année demandent une organisation quasi militaire. Un grand nombre d'enfants vivent dans des familles recomposées et le partage du temps entre les parents est parfois source de conflit. L'avantage est une multiplication des cadeaux. Les poupées de Mattel occupent une place importante sur les listes. Le choix va être difficile : faut-il une blonde Barbie, une rousse Midge, une brune Teresa, la jeune Skipper ou un Ken au sourire éclatant ? Et pour quelle série opter ? Certaines fillettes préfèrent les poupées mannequin Malibu et leurs maillots de bain fun, d'autres les gymnastes tout de rose vêtues ou celles habillées par les stylistes de Naf-Naf ou de Benetton. Le succès du film *La Petite Sirène* de Disney donne naissance à toute une gamme de produits dérivés : poupées à la longue chevelure rousse, puzzle, et peluche de l'adorable Polochon. Les fabricants de poupées et de poupons traditionnels doivent multiplier les prouesses techniques pour lutter contre la concurrence. Désormais, leurs jouets marchent, bavardent comme des pipelettes ou font des rototos ! Seules les poupées Corolle peuvent se contenter de leur réputation pour trouver des petites mamans. Malgré les campagnes des féministes, les jouets d'imitation occupent plusieurs pages dans les catalogues de jouets. Convaincues de l'impact publicitaire, les grandes marques de produits ménagers reproduisent à l'identique leurs fours, leurs robots ou leurs grille-pain.

Les Tamagotchis, ces mini-consoles qui permettent de simuler l'éducation d'un animal, connaissent un énorme succès dans les cours de récréation.

Playmobil cible tout autant les filles que les garçons. De magnifiques maisons de poupées à construire font rêver les romantiques et la gamme du cirque réjouit les plus délurées.

Coup de jeune

Lego, Playmobil, G.I. Joe… les jouets des aînés continuent de séduire les garçons, mais ils se modernisent en devenant plus technologiques et en renouvelant leurs thématiques.

Pour se mettre au diapason des goûts des jeunes garçons, les grandes marques de jouets s'inspirent de la télévision et du cinéma. Ainsi, Lego lance de nouvelles gammes créées d'après les films *Star Wars* et *Indiana Jones*. Les produits de plus en plus nombreux s'assortissent de systèmes technologiques extrêmement perfectionnés. Les briques de couleur vert kaki font leur apparition, après avoir été longtemps prohibées pour empêcher la fabrication de véhicules militaires. Pour concurrencer Lego, Playmobil ajoute de nombreux autres thèmes à ses figurines désormais classiques. Naissent en 1991 trois séries qui vont devenir rapidement cultes : celles des pirates et leur fameux bateau, la magnifique maison inspirée des demeures victoriennes, et le camping-car. L'année

Les petites voitures classiques ont encore du succès, mais la plupart d'entre elles fonctionnent avec un système de friction qui leur permet de rouler sur plusieurs mètres. Pour leur part, les minuscules Match Box se glissent dans les poches.

LES JOUETS DES GARÇONS

suivante, c'est au tour du cirque de voir le jour et de l'île au trésor tandis que les gammes de la ferme, des chantiers publics, des pompiers s'élargissent chaque fois. Le principe est toujours le même et il existe des boîtes à tous les prix pour compléter le jeu en fonction de son budget. La station de ski, les voitures de course et les chevaliers font ensuite leur apparition. Autres grands favoris des garçons, les fameux G.I. Joe, que la société américaine Hasbro relance en 1993. Plus grandes que leurs prédécesseurs, les figurines entièrement articulées possèdent de nombreux accessoires.

La série des Duplo de chez Lego, qui s'adresse aux plus jeunes, se développe de plus en plus.

LES LOISIRS DES ADOS

Génération Joystick

Game Boy ou console branchée sur un téléviseur, le temps libre des ados se passe de plus en plus devant un écran.

Après les cours, le premier réflexe des ados est d'allumer leur téléviseur. Les séries mettant en scène des jeunes de leur âge sont leurs favorites, ils s'identifient aux collégiens et lycéens américains. La télévision sert également à brancher les consoles de jeux : le japonais Nintendo s'impose en Europe dès 1990 avec la Super Nintendo. Les adolescents passent des heures à jouer à Super Mario Bros, à Donkey Kong ou encore The Legend of Zelda. En 1995, Sony lance en Europe sa Playstation - qui sera remplacée en 2000 par la Playstation 2 - et Sega la Sega Saturn qui connaîtra un échec. Mais c'est un employé de Nintendo, Gunpei Yokoi, qui va créer l'événement : il met au point une console portable avec des jeux sous forme de cartouches. Elle est lancée en France en

Le skate et le roller restent des activités très prisées par les garçons.

1990 sous le nom de Game Boy au prix de 590 francs et s'écoule à plus de 1,4 million d'exemplaires ! Le jeu Tetris, une invention du soviétique Alexey Pajetnov, et la cartouche Pokemon de Satoshi Tajiri font fureur. En 1996, la Game Boy diminue de taille et gagne en autonomie sous le nom de Game Boy Pocket. Deux ans plus tard, la Game Boy Color voit le jour. Les filles, moins enclines à l'univers des jeux vidéo, se retrouvent entre elles pour des virées « shopping ». Elles adorent se rendre dans les centres commerciaux pour se transformer en top model le temps d'un essayage. Entre deux fous rires, elles se réunissent ensuite dans un fast-food et s'échangent leurs confidences sur les garçons.

Les colonies de vacances s'adaptent aux adolescents : le rafting, les séjours sur le thème de l'escalade ou du vélo bicross obtiennent leur adhésion.

LA MODE DES ENFANTS

Look de crise

Les années 1990 marquent un retour à plus de mesure : c'est le triomphe des vêtements pratiques, colorés et à petits prix.

Après les dépenses excessives des années 1980, voici le temps de la récession. Pour quelques enfants de la bourgeoisie, la mode semble immuable : robes à smocks et col Claudine pour les filles, pantalons en velours côtelé ou bermudas pour les garçons, les vêtements se passent de génération en génération. Mais la grande majorité des moins de 12 ans s'habille désormais de manière identique. Il s'agit de trouver des tenues pratiques et peu onéreuses. Elles doivent être « vitaminées », c'est-à-dire gaies et colorées à l'instar du slogan de la marque italienne « United Colors of Benetton ». Pour les filles, le caleçon devient incontournable. Il se décline dans des teintes vives, avec une prédilection pour le rose, et s'agrémente souvent de fleurs. Il se porte avec un grand sweat-shirt en coton. Des marques se lancent sur le marché en offrant une gamme étendue de vêtements, comme Du pareil au même qui décrit sa ligne comme « du qualitatif, peu onéreux et avec du choix ». Les garçons raffolent des hauts et des accessoires de la société LC Waïkiki, avec leur logo amusant : un dessin de singe coiffé d'une casquette et habillé de façon décontractée et fun. L'américain Fido-Dido le concurrence. PepsiCo a racheté ce personnage publicitaire et le décline en tee-shirts et en produits dérivés. Les enfants apprécient cette mode confortable et aux couleurs gaies. En revanche, ils rechignent à enfiler les imperméables et les manteaux parés de bandes fluorescentes oranges ou jaunes, mais leurs mères estiment que leur sécurité passe avant tout.

Les chaussures Kickers restent les préférées des mères. Les enfants apprennent la gauche et la droite grâce à un ingénieux système d'étiquettes rouges et vertes.

Les fillettes adorent les « babies » vernies.

Les garçons rêvent pour leur entrée en 6e de se faire offrir un Bombers de la marque Schott à la doublure orange et à l'étiquette qui se scratche.

Signes distinctifs

La crise réduit toujours plus les dépenses mais elle n'empêche pas de se construire un style qui exprime notre individualité ou au contraire notre appartenance à une tribu.

Face à des situations financières familiales qui ne cessent de se dégrader, les adolescents apprennent à s'habiller autrement. Pour différencier leurs tenues, ils les accessoirisent, recyclent les habits démodés et suivent l'évolution vestimentaire des tops models. Comme leurs parents ne leur interdisent presque rien, ils se servent de leur style pour exprimer leur personnalité et parfois leur mal-être. Les jeunes de banlieues, durement touchés par la crise de la société, lancent leur propre mode inspirée des rappeurs et du mouvement gangsta américain. Jean Paul Gaultier, l'un des couturiers

Les ados adoptent les codes vestimentaires et les attitudes des tribus auxquelles ils s'identifient.

LA MODE DES ADOS

De nombreux garçons choisissent confort et facilité en portant à longueur de temps des joggings souvent informes.

les plus avant-gardistes, lance sa collection « Les rap-pieuses », imposant à la « planète de la haute couture » les codes vestimentaires de jeunes en pleine révolte identitaire. D'autres « tribus » voient le jour, les courants musicaux orientent leurs choix comme chez les grunges qui se réfèrent à Kurt Cobain ou les gothiques qui s'inspirent de groupes sulfureux. Les adolescents adorent également les vêtements griffés par les marques de sport ou par les grands couturiers qui n'hésitent plus à commercialiser des lignes de prêt-à-porter. Les jeunes filles rêvent toutes de posséder un parfum classique comme le Chanel n° 5 ou une fragrance de Dior ou d'Yves Saint-Laurent. Pour aller au lycée, le jean reste une valeur sûre. Il se porte avec un tee-shirt à message, un pull marin et un caban. Mais l'originalité ne choque plus : il n'est pas rare de voir des adolescentes moulées dans un pantalon à l'imprimé animalier, les vaches se disputant la vedette avec les zèbres ou les léopards.

CONFISERIES ET BOISSONS

Manger équilibré et bio

Les Carambars, les fraises Tagada ou les sucettes Chupa Chups renouvellent leur goût.

Les habitudes alimentaires au cours des années 1990 oscillent en permanence entre équilibre et déséquilibre.

Un grand nombre de mères ne jurent que par la nourriture bio, et face aux problèmes récurrents de boulimie et d'anorexie des jeunes, elles essayent de cuisiner équilibré. Mais livrés de plus en plus à eux-mêmes quand leurs parents travaillent, enfants et adolescents se bourrent de fast-food, de chips et de biscuits emballés individuellement. Les spots publicitaires ciblent la clientèle des jeunes et la France se positionne comme le 4e pays consommateur de biscuits dans le monde. Ce sont les gâteaux sucrés au chocolat qui connaissent le plus de succès. Quant aux bonbons, ils se trouvent partout : au détail dans les épiceries de quartier ou en format XL dans les grandes surfaces. Les ventes de chewing-gums traditionnels comme les Hollywood et leur « fraîcheur de vivre » attirent moins les enfants. Ils choisissent surtout ceux enroulés en forme d'escargot dans une boîte, les Roll'Up ou d'étranges pâtes contenues dans un tube, les Tubble Gum. Mais les préférés restent les Frizzy Pazzy, d'étranges granulés qui explosent dans la bouche et se transforment en pâte à mâcher. Les « bonbons langues », recouverts de poudre piquante, se positionnent aussi comme les grands favoris. Ils se disputent la vedette avec les Têtes brûlées et les « hosties » ou « soucoupes » en pain azyme. Autres friandises très populaires, les énormes Boules de mammouth, qui se lèchent pendant des heures, et les fils de scoubidou au goût acidulé, qu'on nomme aussi bonbons lassos.

Smarties et M&M's sont les vedettes des goûters d'anniversaire.

LES JEUX OLYMPIQUES

Ci-dessus : Edgar Grospiron. À gauche : Fabrice Guy. Ci-dessous : Surya Bonaly.

À Nagano, l'américaine Tara Lipinski (ci-dessus), âgée de 15 ans, devient la plus jeune médaillée d'or de patinage artistique.

Jean-Luc Crétier offre à la France un titre de champion olympique de descente.

Les jeux d'hiver...

Albertville (1992), Lillehammer (1994), Nagano (1998)

Les athlètes français sont loin de briller par leurs performances à Albertville en 1992. Seuls le skieur acrobatique Edgar Grospiron et les équipes de combiné nordique et de biathlon remportent les trois médailles d'or des neuf victoires hexagonales. Heureusement, la qualité du spectacle d'ouverture fait oublier les défaites. Quatre ans plus tard, à Lillehammer en Norvège, les Français vont d'échec en échec. Aucune médaille d'or, une en argent et quatre en bronze dont celle du patineur Philippe Candeloro. C'est à Nagano, dans l'île montagneuse de Honshu au Japon, qu'ont lieu les JO de 1998. La France est huitième de la compétition avec huit médailles dont deux en or : celle de Jean-Luc Cretier en descente de ski alpin et celle de Florence Masnada en descente de snowboard, une nouvelle discipline.

Les jeux d'été...

Barcelone (1992), Atlanta (1996), Sydney (2000)

Les athlètes de l'Hexagone remportent 29 médailles à Barcelone en 1992. Marie-José Pérec déchaîne l'enthousiasme en arrivant première du 400 m, mais c'est la CEI qui domine les 172 nations participantes. quatre ans plus tard à Atlanta, Marie-José Pérec devient triple médaillée olympique en gagnant le 200 et le 400 m. Ses compatriotes Jeannie Longo (cyclisme) et les judokas David Douillet, Djamel Bouras et Marie-Claire Restoux montent aussi sur la plus haute marche du podium. Si David Douillet conserve son titre à Sydney en 2000, Marie-José Pérec quitte avant les épreuves les JO estimant avoir subi des harcèlements. Sa concurrente Cathy Freeman remporte la médaille d'or devant son public.

Aux JO de Sydney, le boxeur Brahim Asloum monte sur la première marche du podium. Aucun boxeur français n'avait emporté de victoire dans cette discipline depuis 64 ans.

Ci-dessus : David Douillet aux JO d'Atlanta.
Ci-dessous : Linford Christie aux JO de Barcelone.

L'athlète américaine Marion Jones (à droite) remporte à Sydney cinq médailles, mais en 2007 elle sera déchue de ses titres après avoir avoué s'être dopée.

Et un, et deux, et trois zéro !

S'il fallait retenir un seul événement de la décennie 90, ce serait bien sûr la victoire des Bleus en 1998.

Meilleur buteur de la coupe des Clubs champions en 1990, 1991 et 1992, ballon d'or en 1991, champion d'Italie en 1993 et 1994 : rien ne semble arrêter Jean-Pierre Papin. Ce seront pourtant des blessures à répétition qui auront raison de sa carrière en 1995. Autre Français tout aussi charismatique mais au caractère bien plus imprévisible, Éric Cantona accomplit l'exploit de devenir une star même en Angleterre où il joue sous les couleurs du club Manchester United ! Quant à l'Argentin Diego Maradona, son parcours paraît chaotique. Il a du mal à assumer la victoire de l'Allemagne contre son équipe lors de la Coupe du monde de 1990 et l'année suivante, il est accusé de dopage à la cocaïne et doit quitter son club de Naples. 1992 devient tristement célèbre lors de la demi-finale de la Coupe de France opposant l'OM à la SC Bastia : une tribune provisoire du stade

LE FOOTBALL

de Furiani s'effondre. Le bilan est terrible : 18 morts et 2 300 blessés ! Mais... *The show must go on !* Deux ans plus tard, le Brésil est en liesse, l'équipe nationale a gagné la Coupe du monde et la fête dure pendant plusieurs jours dans tout le pays. Toutefois, en 1998, les larmes remplacent les rires. Les Français devant leur public battent la Seleção. Zidane, Barthez, Desailly, Petit et les autres entrent dans la légende du football.

Quelques jours après le drame, aux abords du stade de Furiani.

LE SPORT AUTO ET LE CYCLISME

Le sport automobile

À gauche : le pilote Damon Hill.
En dessous : Michael Schumacher et Eddie Irvine sur le podium du Grand Prix de F1 du Canada en 1998.

La Formule 1 en deuil.

En 1993, Alain Prost remporte pour la quatrième fois le titre de champion du monde de Formule 1 devant le Brésilien Ayrton Senna. Après cette victoire, le Français décide de se retirer de la compétition. Son challenger se partage désormais les victoires avec l'Allemand Michael Schumacher. Malheureusement, en 1994, le Brésilien se tue sur le circuit d'Imola en Italie. C'est Schumacher qui devient champion du monde. Il renouvelle son exploit en 1995, puis de 2000 à 2004. Ses concurrents principaux sont l'Anglais Damon Hill, le Suisse Jacques Villeneuve, l'Allemand Heinz-Harald Frentzen et pour la première fois un Finlandais, Mika Häkkinen.

Indurain et Armstrong : les nouveaux héros du Tour.

L'Espagnol Miguel Indurain remporte en 1991 le maillot jaune pour la première fois. L'année suivante, il renouvelle son exploit, se distinguant particulièrement pendant l'étape Tours-Blois avec une moyenne de 52,349 km/heure ! C'est la première fois qu'un Espagnol accomplit un doublé, mais Indurain n'a pas dit son dernier mot : il cumule cinq victoires consécutives. En 1997, Jan Ullrich monte sur le podium. L'Allemand offre à son pays son premier maillot jaune depuis 65 ans. Mais c'est en 1999 qu'apparaît un champion hors norme : l'Américain Lance Armstrong semble imbattable et gagne sept fois de suite le tour. Malheureusement, en 2012 il sera déclaré coupable de dopage et sera déchu de tous ses titres.

De haut en bas : Richard Virenque, Lance Armstrong, Laurent Jalabert et Jan Ullrich.

Le Tour de France 1995, ici lors de l'arrivée à Paris le 29 juillet, aura été endeuillé par la mort de l'Italien Fabio Casartelli dans la descente de Portet d'Aspet.

Le tennis

En 2000, l'Américain Pete Sampras remporte pour la septième fois les internationaux de Wimbledon.

La décennie commence fort pour les Français…

Pour la première fois depuis 1933, les Français gagnent en 1991 la coupe Davis. Henri Leconte et Guy Forget battent André Agassi et Pete Sampras en finale. Deux ans plus tard, lors du tournoi de Hambourg, un déséquilibré, fan de Steffi Graf, poignarde dans le dos la Yougoslave Monica Seles. La championne, gravement blessée, reviendra sur les courts en 1995. Elle devra affronter de redoutables adversaires, la Française Marie Pierce, l'Espagnole Arantxa Sanchez, et… l'Allemande Steffi Graf qui remportera à elle seule cinq Roland-Garros ! En 1997, une nouvelle venue se classe n° 1 mondiale, il s'agit de la Suissesse Martina Hingis, âgée d'à peine 17 ans !

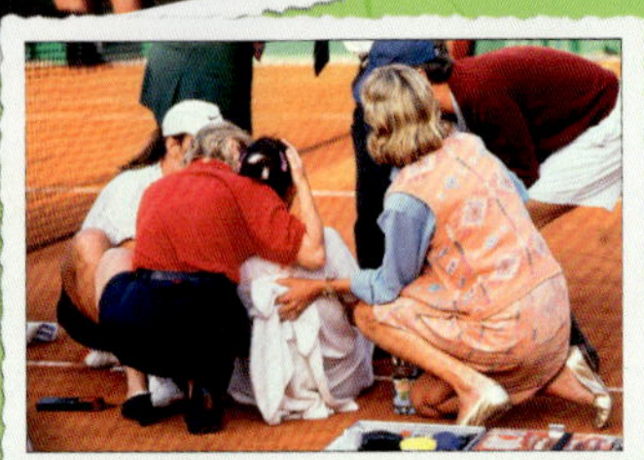

De gauche à droite : Monica Seles après son agression lors du tournoi de Hambourg (1993), Martina Hingis à l'US Open de 1997 et Marie Pierce à Roland-Garros en 2002.

LE TENNIS ET LE BASKET

Le basket

Depuis que les joueurs de la NBA participent aux jeux Olympiques, les ados se passionnent pour le basket-ball.

Lors des jeux Olympiques de Barcelone de 1992, l'équipe américaine professionnelle de basket est autorisée à participer à la manifestation. Michael Jordan, Eavin « Magic Johnson », Larry Bird et les neuf autres membres, surnommés la Dream Team, deviennent des héros et des millions de gamins dans le monde rêvent à leur tour d'épouser leur sport. Deux ans plus tard, aux championnats du monde FIBA, c'est une nouvelle équipe composée de jeunes joueurs qui remporte la compétition et devient la Dream Team II. Les JO d'Atlanta verront la naissance de la Dream Team III qui elle aussi semble imbattable. Malheureusement, en 1998, suite à des mésententes internes, des joueurs issus des collèges américains sont choisis et malgré une médaille de bronze, ils seront surnommés « The Dirty Dozen » !

À gauche : Shaquille O'Neal. À droite : Michael Jordan.

Lors des JO de 2000, l'équipe américaine paraît invincible, mais en finale, les Français remettent en question sa suprématie. Les joueurs hexagonaux devront pourtant s'incliner face aux Américains.

Les lycéens sont dans la rue ! En novembre 1990 pour protester contre la dégradation des conditions d'enseignement, en mars 1994 pour lutter contre le contrat d'insertion professionnelle (CIP) et en 1998 pour dénoncer les conditions de la rentrée scolaire.

À l'annonce de la qualification de Jean-Marie Le Pen au second tour des élections présidentielles, des centaines de milliers de jeunes descendent dans la rue pour affirmer leur refus du Front national et de ses idées.

PREMIERS ÉLANS, PREMIÈRES RÉVOLTES, PREMIERS ÉMOIS

1er décembre 1993 : l'obélisque de la place de la Concorde est recouvert d'un préservatif géant à l'initiative de Benetton et de l'association de lutte contre le sida Act-Up-Paris.

À la suite des premières associations de lutte contre le sida, les initiatives qui voient le jour dans les années 1990 (Sol en Si, le Sidaction ou le festival Solidays) entraînent une mobilisation massive.

Le phénomène des « free party » arrive en France au début des années 1990. Ici, un teknival à Salles-la-Sources en juillet 2001.

Avec le Minitel rose, les ados apprennent à taper sur un clavier avec une seule main.

Et soudain apparut à la télévision une blonde à forte poitrine dans un maillot de bain rouge… Pamela Anderson dans Alerte à Malibu.

Basic Instinct, *le film qui a élevé le pic à glace au rang d'accessoire érotique.*

D'après certains avis scientifiques, Lara Croft (l'héroïne du jeu vidéo Tomb Raider) ne donnerait pas une image réaliste du métier d'archéologue.

Linda Evangelista, Cindy Crawford, Naomi Campbell, Claudia Schiffer… Et les garçons se passionnent pour le dernier défilé Versace ou Chanel.

Dans les années 1990, les femmes ont enfin le droit de payer pour regarder un homme se déshabiller. À gauche : spectacle des Chippendales, ci-dessus : image du film The Full Monty (1997).

LA MUSIQUE DES ENFANTS

Petits fans, gros hits

Les enfants des années 1990 sont les enfants du CD et des programmes télé quotidiens pour la jeunesse. Une poignée d'artistes se disputent leur attention.

Chanteur pour adulte pendant près d'une dizaine d'années, Henri Dès a opté depuis 1977 pour une production destinée aux enfants dont il est auteur, compositeur, interprète… Les disques de cet artiste d'origine suisse s'écoutent et se réécoutent en boucle. Ils amusent et, selon les ritournelles, peuvent également aider à s'endormir. Entre 1991 et 1995, Henri Dès enregistre trois albums des *Belles Histoires de Pomme d'Api* – adaptées de la célèbre publication pour enfants des éditions Bayard – ainsi que *Les Bêtises, Le Crocodile, L'Évasion de Toni* et *Far West*. Vedette omniprésente et pour partie contestée du petit écran, Dorothée profite de cette vitrine sans concurrence pour enchaîner les enregistrements : *Les Neiges de l'Himalaya, Une histoire d'amour, 2394, Nashville Tennessee, Bonheur City* et *La Honte de la famille*. Autant de records de vente…

Mais la surprise n° 1 vient d'Hélène Rolles dite Hélène, l'actrice et héroïne du sitcom d'AB Production diffusé tous les jours sur TF1 : *Hélène et les Garçons*. Le générique – *Pour l'amour d'un garçon* – lui permet de se hisser à la quatrième position du Top 50 et de vendre, à la fin de 1992, 700 000 exemplaires de son album. L'année suivante, son nouvel opus – *Je m'appelle Hélène* – atteint cette fois les 900 000 exemplaires et devient triple disque de platine.

Nouvelle ambassadrice de Disney en France, Anne sort son premier single (Oliver) en 1989 qui grimpe jusqu'à la troisième place au classement des meilleures ventes de 45 tours !

Devant les refus des maisons de disques, Henri Dès crée son propre label, Marie-Josée Productions, du nom de sa femme. Il y sortira 25 albums, dont Far West, pour lequel il reçoit une Victoire de la musique en 1997 (photo).

Je suis ce que j'écoute

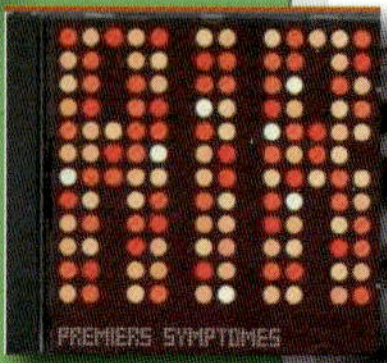

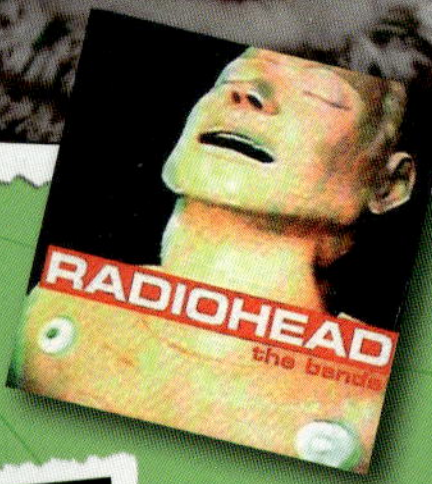

Métal, électro, hip-hop, pop-rock… les tribus urbaines se définissent en fonction de leurs préférences musicales, forcément incompatibles.

Au fil des ans, les goûts musicaux des adolescents se cristallisent autour de styles et d'artistes violemment dissemblables, voire antagonistes dans leur démarche. Amateurs de variété française, adeptes de la culture hip-hop, happy fews de l'électro et thuriféraires de musique rock se jaugent dans les cours des collèges et des lycées. *Spiceworld*, le second album du groupe pop britannique Spice Girls, sort en 1997 et s'écoule à 20 millions d'exemplaires à travers le monde. Enfants et adolescents se disputent le plus souvent les faveurs des mêmes artistes ! Les dirigeants de la chaîne M6 l'ont parfaitement compris. Entre 1995 et 1997, Ophélie Winter présente chaque

Les comédies musicales, genre anglo-saxon s'il en est, s'importent contre toute attente dans l'Hexagone ! Notre-Dame de Paris, Roméo et Juliette, Les Dix Commandements… *C'est l'heure des « chanteuses à voix » : Laam, Lara Fabian, Hélène Ségara, Isabelle Boulay… et naturellement Céline Dion !*

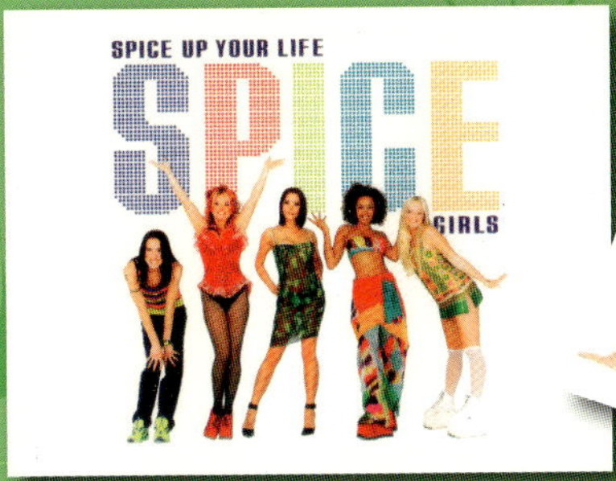

À droite : Zebda en concert. Ci-dessous : le rappeur Jay-Z.

mercredi le Dance Machine Club avec son frère Mickaël. C'est à cette époque qu'elle sort son single *Dieu m'a donné la foi*, un tube qui se vend à près de 600 000 exemplaires… Apparue en 1983, la culture hip-hop étend son influence à travers les innombrables productions US – aux premiers rangs desquelles : 2Pac, Dr. Dre, Jay-Z, The Notorious B.I.G, Puff Daddy, Saïan Supa Crew – et des formations *made in France* comme Ärsenik et naturellement NTM. L'humour de IAM (*Je danse le mia*) ou de Zebda (*Tomber la chemise*), voire le rap celtisant de Manau, offrent d'ailleurs à une poignée de gamins des cités le sommet du Top 50. D'autres se branchent sur l'électro – Daft Punk –, la pop-rock internationale – Björk, Oasis, The Offspring, The Prodigy, Radiohead – ou le métal – Metallica, Rammstein…

Au tournant des années 2000, ce sont les chanteuses qui tiennent le haut du pavé ! Vamps latino – Mariah Carey (ci-dessus, à droite), Jennifer Lopez – ou lolitas – Christina Aguilera (ci-dessus, à gauche), Britney Spears…

LA PRESSE POUR ENFANTS

Mon kiosque à moi

Dans les années 1990, les jeunes lecteurs disposent d'un large choix de périodiques. Les titres spécialisés ont le vent en poupe, en particulier les magazines documentaires.

Après avoir cherché pendant quelques années l'attention de leurs lecteurs, la plupart des titres nés dans l'après-guerre périclitent. La presse jeunesse vit un second âge d'or dans les années 1990 : certes, le marché reste fragile, mais en 1992, on dénombre 68 titres dont 31 ont vu le jour entre 1989 et 1992. Le développement des journaux spécialisés s'impose comme la grande nouveauté. Les magazines ciblent de façon pointue les lecteurs en se référant à leur âge ou à leur goût. Même les bébés ont désormais leur journal, tels *Toupie* (Milan), *Popi* (Bayard), *Bébé Papoum* (Fleurus) ou *P'tit Loup* (Disney-Hachette). L'un des genres les plus prisés est le magazine documentaire : 11 titres paraissent en quatre ans, qui traitent aussi bien des

sciences (*Sciences et Vie Junior*) que de l'art (*Le Petit Léonard* et *Dada*). Quant à la presse catholique, elle est largement représentée par Fleurus et Bayard, mais les toulousains de Milan les concurrencent directement. Si quelques magazines ont, hélas, définitivement tiré leur révérence, en particulier le mythique *Journal de Tintin* ou *Pif* et ses formidables gadgets, d'autres connaissent une nouvelle jeunesse tels *Spirou* et *Mickey*. Le premier fête en 1990 son numéro 2000, le second ses 60 ans en 1995.

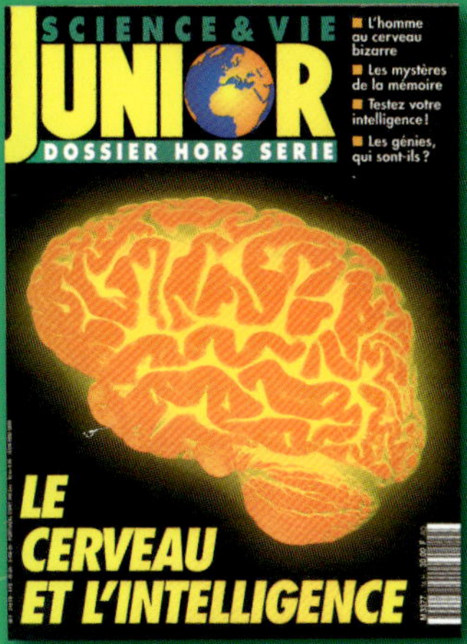

L'épanouissement des enfants passe aussi par les activités manuelles avec **Ateliers magazine** *et* **Oxébo.**

SF/FANTASTIQUE

CHRONIQUES DE LA LUNE NOIRE

FROIDEVAL — LEDROIT/PONTET

Attention, la lecture de ces « chroniques » pourrait vous emmener dans des univers noirs et terrifiants...
Vous pourriez croiser sur votre passage des personnages inquiétants comme Wismerhill ou Haazheel Thorn et pénétrer dans les arcanes du tout puissant Empire...
Et d'ailleurs qui est vraiment le Maître de la Lune Noire sinon le Malin lui-même ?...
Considérée comme l'une des meilleures séries d'héroïc-fantasy, *Les Chroniques de la lune noire* ont déjà conquis les lecteurs.

7 titres disponibles (voir p. 64)

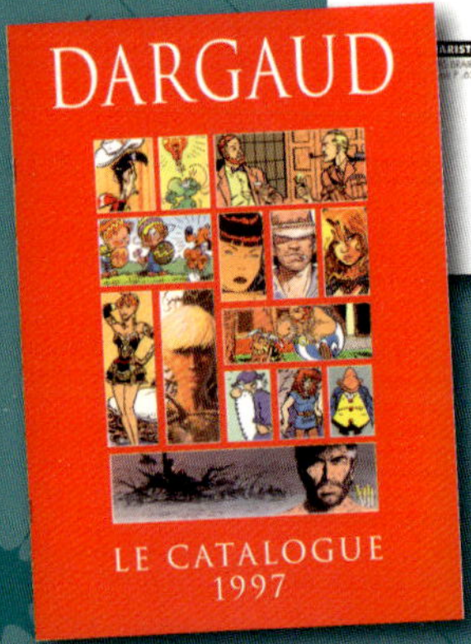

Dargaud accueille **Les Chroniques de la lune noire** *et lance la collection* **Kana** *pour les mangas tout en continuant l'incontournable* **Lucky Luke.**

La déferlante manga

Véritable phénomène de société, le succès des mangas est le fait marquant de la décennie 1990 dans le domaine de la bande dessinée.

Le manga va-t-il tuer la bande dessinée classique ? Les puristes s'indignent et fustigent les petits fascicules japonais. Pourtant, les adolescents raffolent de ce nouveau genre. Il est vrai que parfois, sous la dénomination de « manga », on trouve tout aussi bien des chefs-d'œuvres que des récits insipides et parfois malsains. En 1994, la petite équipe de Tonkam décide de se lancer dans l'aventure en publiant des séries inédites en France, comme le très controversé *Angel*, le mythique *Bouddha* signé par Osamu Tezuka, l'un des pères fondateurs du genre, ou encore *Phénix* ou *Video Girl Aï*. Tonkam est surtout concurrencé par l'éditeur indépendant Glénat, qui mise sur des valeurs sûres comme le très populaire *Dragon Ball*. Il lance des titres tels *Akira* et acquiert *Les Chevaliers du zodiaque* en rachetant les éditions Zenda. Nouveaux venus depuis 1982, les toulonnais de Soleil Productions touchent particulière-

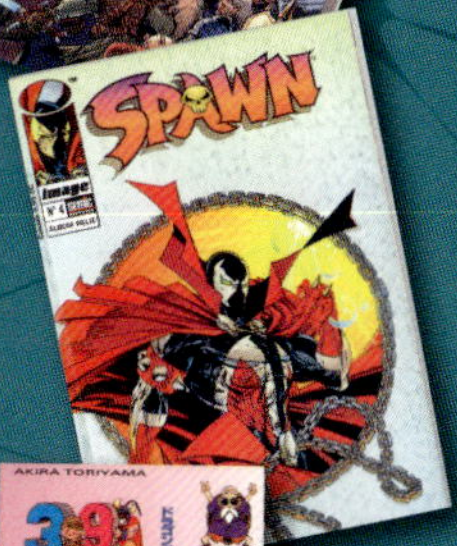

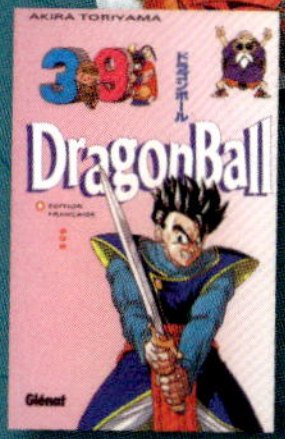

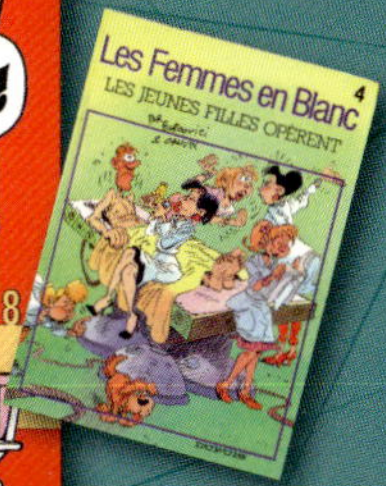

ment les garçons avec la série *Lanfeust de Troy*. Quant aux éditions Dupuis, elles renouvellent intelligemment les grands classiques de la bande dessinée et misent sur l'humour sans tabou avec *Le Petit Spirou*, l'humour noir avec *Pierre Tombal*, *Les Femmes en Blanc* et *Les Psy*, ou l'humour tendre avec *Cédric*.

Chef-d'œuvre de la bande dessinée, la série Corto Maltese d'Hugo Pratt fait la fierté des éditions Casterman.

LES LIVRES POUR ENFANTS

À l'abordage !

De plus en plus d'éditeurs se lancent dans l'aventure des livres pour enfants. L'offre explose, mais la prescription des enseignants guide les choix de lectures des écoliers.

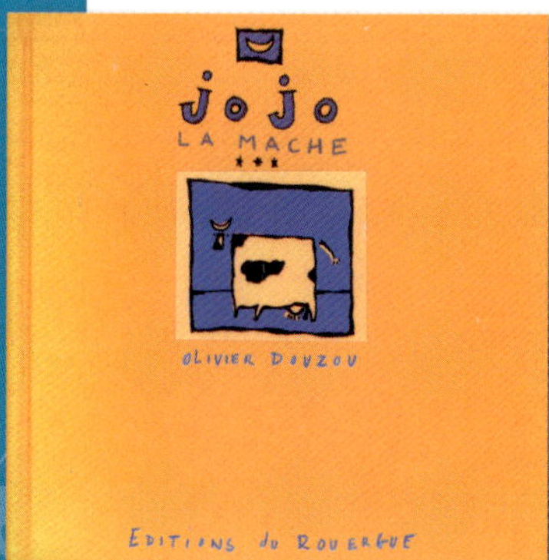

Les Bibliothèques rose et verte ont permis à des millions d'enfants d'aborder la lecture de façon ludique, en les fidélisant grâce à des héros attachants et des livres aux prix attractifs. Mais si les deux célèbres collections existent toujours, elles doivent trouver un nouveau souffle pour contrer des concurrents de plus en plus offensifs. En 1991, les éditions Gallimard, qui étaient restées jusqu'ici en retrait, créent Gallimard Jeunesse. Leurs livres *Mes premières découvertes,* conçus avec un astucieux jeu de pages transparentes, deviennent des incontournables. En 1994, la maison met en place un secteur petite enfance avec les collections du Dr Catherine Dolto-Tolitch et les Drôles de petites bêtes d'Antoon Krings. En 1995, la littérature jeunesse rentre officiellement dans les classes. L'Éducation nationale établit des listes d'ouvrages à recommander aux élèves en cycle 3 (CE2, CM1, CM2). L'École des loisirs s'impose comme l'éditeur favori des enseignants. Ses collections Lutin Poche, Mouche ou Neuf permettent d'atteindre des paliers successifs de lecture. C'est un marché particulièrement porteur : 8000 livres voient le jour chaque année et un livre sur quatre se rattache au secteur jeunesse ! Un grand nombre de petites maisons d'édition se lancent dans l'aventure, certaines avec beaucoup de succès comme Le Rouergue ou Les Éditions Thierry Magnier. Elles atteignent rapidement le chiffre de 400 !

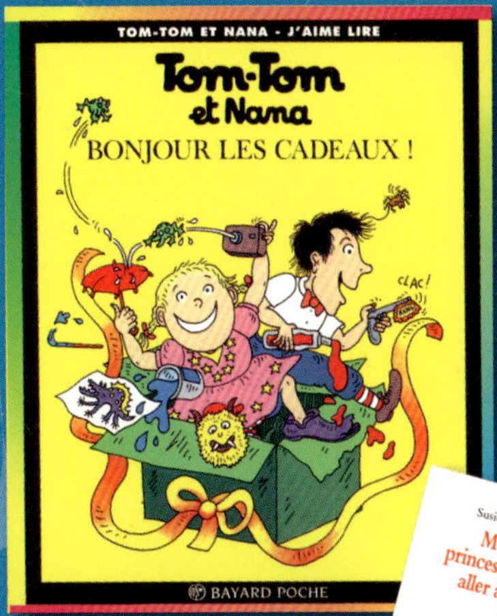

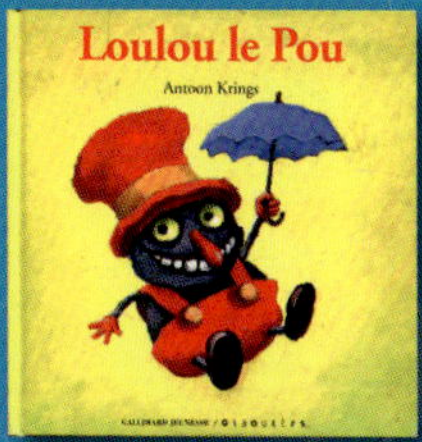

L'illustrateur français Antoon Krings au milieu de ses créations : les « Drôles de petites bêtes », publiées chez Gallimard Jeunesse.

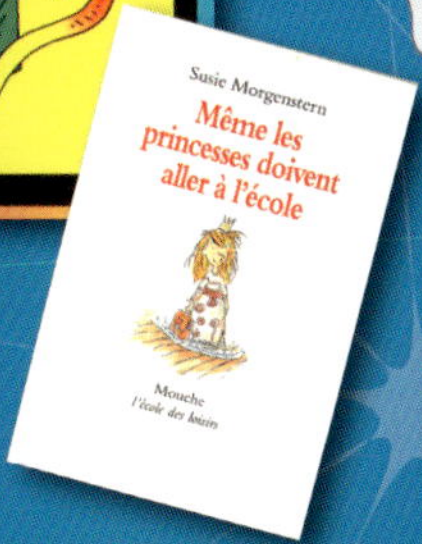

Les incontournables Tom-Tom et Nana réjouissent même les plus grognons.

Chien bleu, de Nadja : un livre devenu un classique.

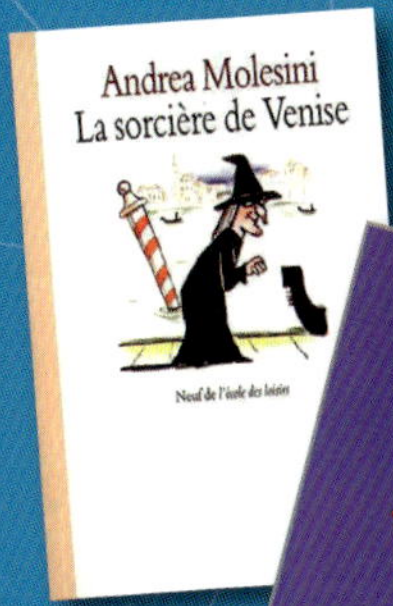

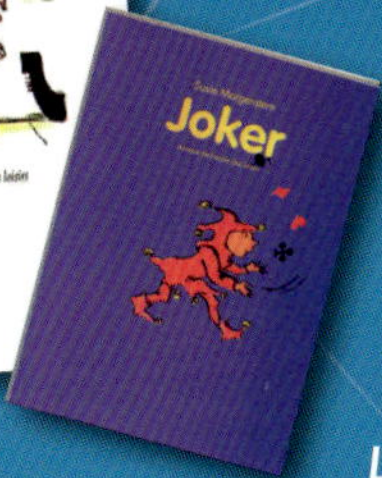

Les petits livres de Max et Lili sont tout à la fois ludiques et éducatifs.

Sacré sorcier

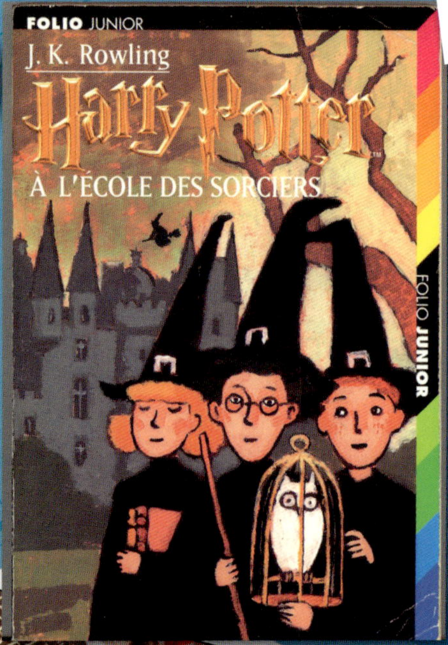

Harry Potter ouvre une brèche et c'est le monde à l'envers : à présent, ce sont les adultes que l'on surprend à lire les bouquins des ados !

1998 : la tornade Harry Potter déferle sur la France et bouleverse totalement le paysage de l'édition française. Gallimard devient l'heureux éditeur du best-seller de J.K. Rolling dans l'Hexagone ! En 1995, la publication de *La Croisée des mondes* de Philip Pullman avait déjà ouvert la voie à un nouveau type de littérature. Trois ans plus tard, Plon Jeunesse lance une contre-attaque avec le premier tome de la série Peggy Sue, signée par le Français Serge Brussolo, tandis qu'Hachette mise sur une série de livres de science-fiction et pose une option en 2004 sur *Twilight,* l'un des livres qui sera à l'origine de la collection BlackMoon. Quant à Flammarion, il publie des valeurs sûres de la SF

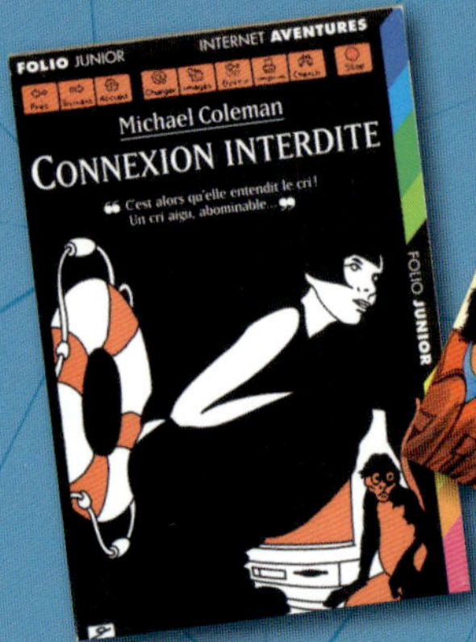

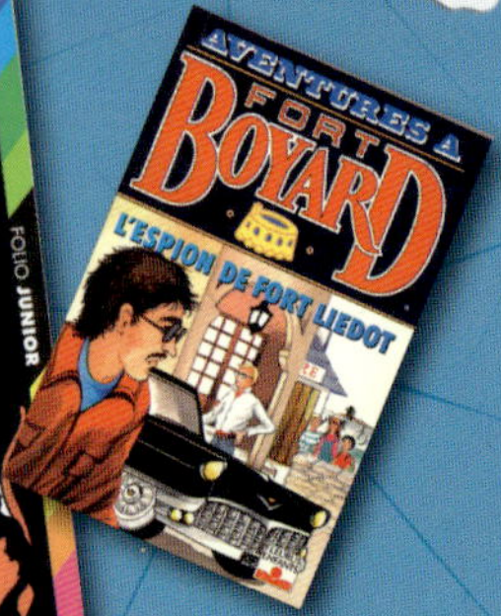

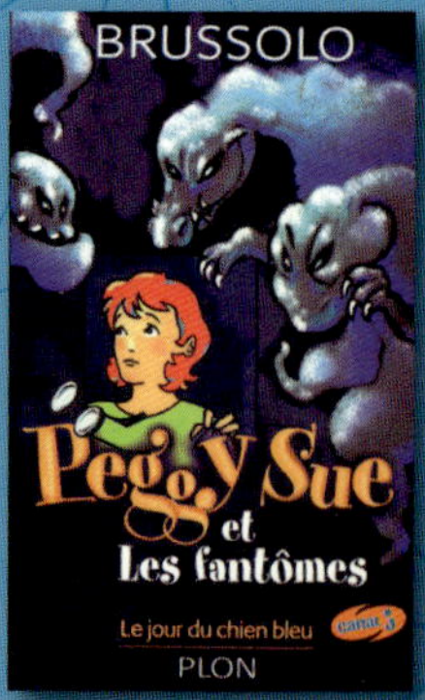

LES LIVRES POUR ADOS

Trois ans avant le célèbre apprenti sorcier, Gallimard Jeunesse embarque les ados à la suite de la jeune Lyra aux frontières entre deux mondes.

en accueillant des auteurs comme Michel Honaker dans la fameuse collection Tribal. Le phénomène « *young adult* » vient de débuter et va s'installer au cours des années 2000. Pour la première fois, ce ne sont plus les adolescents qui empruntent les lectures des adultes, mais les adultes qui puisent dans les ouvrages des jeunes. Le temps des séries semble lui aussi bien révolu, il a laissé la place à celui des cycles. Les héros grandissent en même temps que leurs lecteurs, traversent les affres de l'adolescence et abordent leur vie de jeunes adultes. La plupart de ces publications sont d'énormes « pavés » comprenant tous plusieurs tomes, allant de la trilogie aux romans-fleuves d'une vingtaine de volumes.

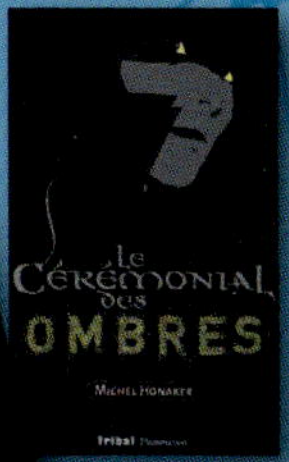

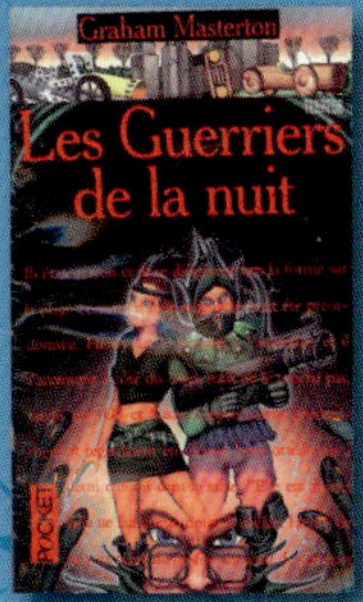

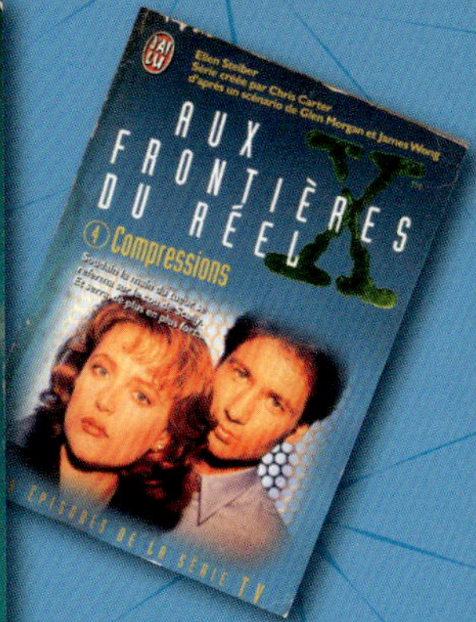

LE CINÉMA ET LES ENFANTS

Nos mercredis sur grand écran

De la livraison annuelle des studios Disney aux films d'action musclés, que d'heures passées dans les salles obscures !

D'une décennie l'autre, les studios Disney continuent d'enchanter petits et grands. La production de nouveautés – informatique aidant – connaît désormais un rythme annuel. *La Belle et la Bête, Aladin, Le Roi lion, Pocahontas, une légende indienne, Le Bossu de Notre-Dame, Hercule* et *Toy Story* – né d'une association entre Disney et les studios Pixar – caracolent joyeusement en tête du box-office dans l'Hexagone.

Exploités des années durant, à l'aide de ressorties opportunes, les « Grands Classiques de Walt Disney » – popularisés auprès des plus jeunes grâce aux éditions en cassettes VHS – conduisent tout naturellement une nouvelle génération à consacrer *Les 101 Dalmatiens*, version live d'un célèbre titre des studios Disney.

Il est vrai que les comédies tiennent la première place dans le cœur du jeune public. *Un flic à la maternelle, Madame Doubtfire, Professeur Foldingue, Beethoven 2... Allô maman, c'est encore moi* et *Maman, j'ai encore raté l'avion* ou *Un indien dans la ville*, suprême privilège, nous offrent des vedettes de notre âge !

Le fantastique et la science-fiction, traités de façon sérieuse – *Jurassic Park, Batman forever...* – ou humoristique – *The Mask...* –, intriguent et fascinent.

En deux longs-métrages – *Danse avec les loups* et *Robin des Bois prince des voleurs* –, les enfants viennent d'adopter l'acteur américain Kevin Costner comme héros et modèle. *Last Action Hero* – avec Arnold Schwarzenegger – illustre bientôt, pour le plus grand bonheur des spectateurs, petits et grands, le fantasme absolu de voir son idole sortir de l'écran pour vous entraîner dans l'aventure...

65 millions d'années après leur disparition, les dinosaures sont de retour... sur grand écran.

Avec The Mask, Jim Carrey offre un cocktail détonnant d'humour et de fantastique.

Même pas peur

Star Wars, Matrix, Le Cinquième Élément… la science-fiction triomphe. Qui a dit que les ados des années 1990 avaient peur de l'avenir ?

Avec plus de 21 millions d'entrées, Titanic reste le plus grand succès du box-office en France.

Sous le prétexte d'accompagner les frères ou sœurs plus jeunes, les productions Disney captivent aussi et encore les adolescents avec *Mulan, Tarzan* ou *Dinosaure*. Dernière adaptation en date de la BD la plus célèbre de France, *Astérix et Obélix contre César* – avec Christian Clavier et Gérard Depardieu – convainc les puristes comme ceux qui n'ont jamais ouvert un album de Goscinny et Uderzo. Le temps d'un film, *Gladiator* ressuscite le peplum – un genre populaire auprès du grand public dans les années 1960…
Mais loin de l'Antiquité, c'est le futur qui suscite le plus fort enthousiasme chez les jeunes… La science-fiction à travers

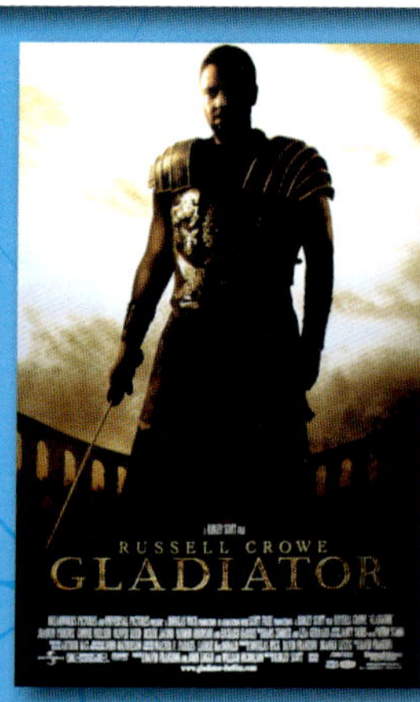

LE CINÉMA ET LES ADOS

Les aventures du chauffeur de taxi marseillais Daniel Morales (Samy Naceri) donneront lieu à une saga de quatre films.

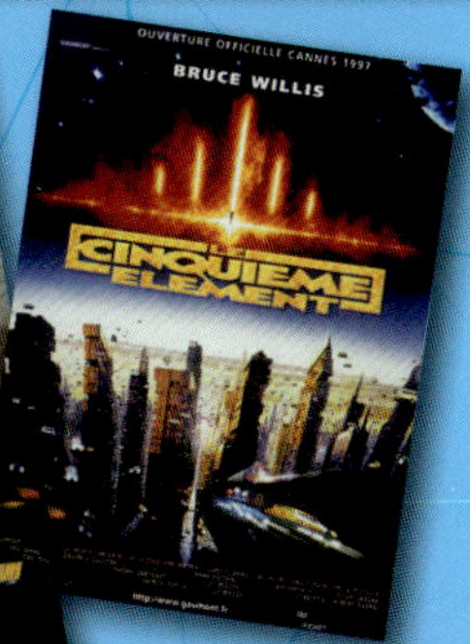

le space-opera – *Le Cinquième Élément, Star Wars, épisode I : La Menace fantôme*… –, l'affrontement de « monstrueux » envahisseurs – *Godzilla*… –, parfois non dénués d'humour – *Mars Attack !, Men In Black*… –, et l'arrivée avec *X-Men* d'adaptations avec des budgets et donc des effets spéciaux à la hauteur des comics de la Marvel, sortent la SF du ghetto où ce genre demeura longtemps confiné ! Le succès de *Matrix*, fondé sur des thèmes chers au cyberpunk, ou de *Sixième Sens* accentue cette popularisation. *Taxi* et *Taxi 2* – avec Samy Naceri – deviennent emblématiques pour toute une génération d'adolescents. Une génération qui, cette fois sans rire et sans bruit, suivra avec *Titanic* le plus célèbre naufrage de l'histoire et une romance qui arrachera à tous – ou presque – plus d'une petite larme…

LA TÉLÉ ET LES ENFANTS

Le plus grand club de France

Une grande partie de la décennie 1990 est marquée par le règne sans partage du Club Dorothée sur les programmes jeunesse.

1990 : TF1 change de logo. La chaîne aimante en ces années des millions d'enfants grâce à son « Club Dorothée ». Le transfert en 1987 de l'ancienne animatrice-vedette de « Récré A2 » a entraîné celui de ses complices Jacky, Ariane, Corbier… et Patrick Simpson-Jones.

« Récré A2 » ne survivra qu'une seule saison à l'exode de son équipe avant de disparaître en juin 1988… laissant désemparés les happy fews de « Téléchat », le rendez-vous barré dû à l'imagination délirante du dessinateur Roland Topor.

Le « Club Dorothée » monopolise, lui, jusqu'à 24 heures d'antenne hebdomadaire et 40 en période de vacances scolaires. Et 75 % des enfants suivent ses programmes. Résultat : des parts de marché sidérantes, entre 55 % et 65 %, avec des pics à 86 %. Jeux et variétés encadrent les mangas phares de cette décennie (*Dragon Ball Z*), des sentai (*Power Rangers*) et des séries d'AB production (*Salut les Musclés, Premiers Baisers, Hélène et les Garçons, Le Miel et les Abeilles* et *Les Filles d'à côté*).

Face à cette concurrence, la Cinq tente d'aligner les mangas : *Olive et Tom, Princesse Sarah, Flo et les robinsons suisses, Les Quatre Filles du docteur March*… ou *Le Petit Lord*.

En août 1997, le « Club Dorothée » est pourtant supprimé de l'antenne. Conséquence directe de nombreuses polémiques nées d'une suprématie auprès de la jeunesse de plus en plus contestée…

JEUDI
2 JUILLET

TF1

6.00 LES DEUX FRÈRES
Feuilleton français. *(Rediffusion).*

6.30 MÉSAVENTURES
Juste un coup d'œil. *(Rediffusion).*

7.00 JOURNAL

7.20 INTRIGUES
Pour Samarkand... empruntez la déviation. *(Rediffusion).*

7.50 COTÉ CŒUR
Œillades. *(Rediffusion).*

8.20 TÉLÉ-SHOPPING

8.55 CLUB DOROTHÉE VACANCES
Georgie • Juliette, je t'aime • Dragon Ball Z • Les chevaliers du Zodiaque • Nicky Larson • Salut, les Musclés ! • Le clip • Les jeux.

11.25 JEOPARDY !
Jeu présenté par Philippe Risoli.

11.55 TOURNEZ... MANÈGE

12.30 LE JUSTE PRIX

13.00 JOURNAL

13.35 LES FEUX DE L'AMOUR

Bonne Espé... qu'elle a chassé de son cœur et de son esprit son fils aîné, Jack...

17.05 CLUB DOROT... VACANCES

17.40 LOIN DE CE MONDE
Série américaine.
Evie l'intègre.
Avec Donna Hescow : *Donna* • Maureen Flannigan : *Evie* • Doug McClure : *Kyle* • Joe Alaskey : *Beano* • Christine Nigra : *Lindsay* • Steve Burton : *Chris.*
Evie, qui veut se présenter à la présidence de sa classe, souhaite être conseillée par Abraham Lincoln. Une fois encore, elle use de ses pouvoirs et le reçoit dans son salon...

18.05 PREMIERS BAISERS
Série française.
Une journée de rêve. *(Rediffusion).*
Avec Camille Raymond : *Justine* • Magalie Madison : *Annette* • Fabien Remblier : *Jérôme* • Christophe Ripert : *Luc* • Julie Caignault : *Isabelle.*
Justine et Annette participent à un grand concours dont le premier prix est une journée avec Roch Voisine. Elles mettent tout en œuvre pour gagner...

18.05 • Justine (Camille Raymond) et Annette (Magalie Madison).

18.30 UNE FAMILLE EN OR

19.00

GAGNEZ LA CAGNOTTE DU JEU « SANTA BARBARA »

...ANTA ...ARBARA

Romances et amitiés, les fils rouges de toutes les productions AB.
De haut en bas : Salut les Musclés *(1990),*
Le Miracle de l'amour *et* Le Miel et les Abeilles *(1994).*

Sitcom fever

Gillian Anderson et David Duchovny (X-Files : Aux frontières du réel) nous le répètent à chaque épisode : la vérité est ailleurs.

TF1 tente d'hypnotiser les ados à coups de séries AB et de sitcoms américains. Mais en misant sur le fantastique, M6 confirme son titre de petite chaîne qui monte…

Si la suppression du « Club Dorothée » en août 1997 frustre des millions de jeunes téléspectateurs, la farandole des séries AB Production se poursuit à un rythme effréné… Il est vrai que le producteur Jean-Luc Azoulay continue de signer – sous le pseudonyme de Jean-François Porry – un nombre invraisemblable de scripts pour une trentaine de séries et près de 2000 épisodes… en une décennie !

Il se passe toujours quelque chose dans les lycées nord-américains. À droite : Sauvés par le gong. Ci-dessous : Les années collège.

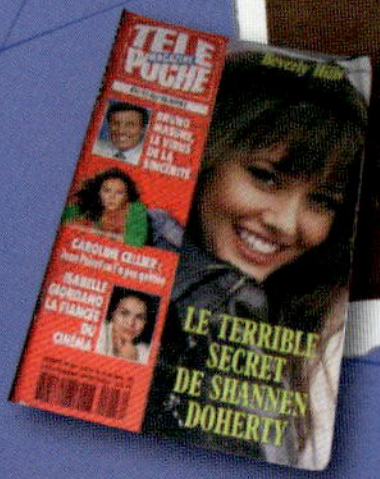

Melrose Place

LA TÉLÉ ET LES ADOS

Les Années bleues – suite des *Années fac* –, *Les Vacances de l'amour* – la suite du *Miracle de l'amour* qui prolongeait *Hélène et les Garçons* –, *La Philo selon Philippe*…

Au-delà de ces productions *made in France*, TF1 s'attelle à importer les séries américaines les plus populaires auprès des ados outre-Atlantique : *Beverly Hills* et son produit dérivé *Melrose Place*. Les sitcoms règnent alors en maître.

M6 – surnommée « la petite chaîne qui monte » – se réserve elle les faveurs des adolescents à l'heure des prime time avec *X-Files : Aux frontières du réel* – ah ! le générique précédant l'arrivée de Fox Mulder et Dana Scully –, *Buffy contre les vampires* – avec l'impressionnante Sarah Michelle Gellar – et *Charmed,* permettant de retrouver, outre Shannen Doherty – échappée de *Beverly Hills* – Alyssa Milano, Holly Marie Combs et Rose McGowan.

Une génération entière n'est ainsi pas près d'oublier la fameuse « trilogie du samedi »… Tout le monde sait désormais que « la vérité est ailleurs ».

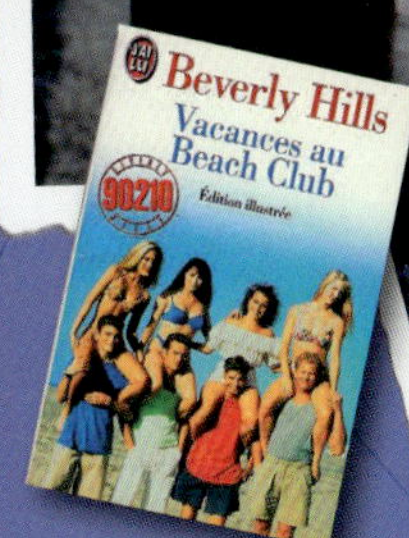

Histoires de vampires avec* Buffy contre les vampires *(en haut) et de sorcières avec* Charmed *(ci-dessus).

Ondes de choc

Doc et Difool, les présentateurs de l'émission « Lovin' Fun » sur Fun Radio.

Les ex-radios libres se livrent une impitoyable guerre d'audience, tandis que les avancées technologiques procurent un meilleur confort d'écoute et une offre plus large.

Face au développement exponentiel des autres médias, la radio doit elle aussi se reconvertir ! Le temps des radios libres est bien révolu. Il existe désormais des radios nationales rattachées au service public (Radio France, France Inter, France Info, Radio bleue…) et des radios privées. Celles-ci tentent de cibler toutes les tranches d'âge. Ainsi NRJ, qui s'adresse à un public jeune, rachète Gilda qu'elle transforme en Chérie FM, et acquiert Pacifique FM qui devient Rire et chansons. En 1998, elle prend des parts de Nostalgie, couvrant ainsi définitivement les auditeurs « de 7 à 77 ans ». Sa grande concurrente RFM se débat dans des problèmes financiers. Elle s'offre des présentateurs stars venus de

Canal + (Antoine De Caunes, Karl Zéro et Albert Algoud) qui animent « Ba be bi bo bu » et, le week-end, les très charismatiques Eddy Mitchell et Yannick Noah. Mais en 1994, grâce à un changement de direction et à une politique beaucoup plus offensive, elle devient « la radio en or », avec une courbe d'audience sans cesse ascendante. Radio Monte-Carlo continue, elle, à toucher un auditorat populaire et fidèle. L'apparition de la radio numérique permet une qualité de son excellente. Chercher la bonne fréquence n'est plus un parcours du combattant et l'on capte ses émissions préférées grâce à un satellite. Un formidable progrès ! Les autoradios sont pourvus d'un RDS (Radio Data System) qui effectue une recherche automatique et l'affichage des données. À la fin des années 1990, trente stations font leur entrée sur Internet : la radio du futur vient de voir le jour.

De haut en bas : Difool de retour sur Skyrock en 1997. Jean-Marc Morandini dans les locaux de Chérie FM en 1999. Jack Lang aux côtés de Jean-Paul Baudecroux lors de la présentation de la Techno Parade à l'antenne de NRJ en 1998.

Radio France tente de séduire les jeunes auditeurs en lançant Le Mouv' en 1997.

LES SOURCES

Toutes les photographies et illustrations non créditées et non mentionnées ci-dessous proviennent de la collection privée de *La Bande du Drugstore*.

Sources des illustrations :

P. 4 : *Almanach des P.T.T. 1983*, éditions Oberthur, Paris / P. 12 : Chambre p. 186, catalogue IKEA 1992 / P. 13 : Housse de couette p. 263 catalogue IKEA 1992 / Chambre enfant p. 22, catalogue CAMIF, collection mobilier 91-92 / Chambre enfant p. 192 catalogue IKEA 1992 / Bacs en plastique p. 196 catalogue IKEA 1992 / P. 14 : Chambre pp. 195, 211, 217, catalogue CAMIF, Collection mobilier 97/98 / P. 15 : Catalogue Bricosphère 1997 / P. 18 : Visuel couverture revue *Deux pour tous* / P. 21 : Jouets filles pp. 16, 21, 22, catalogue jouet « Le train bleu » 1993 / Pages intérieures du catalogue Lego System Belville, 1990 / P. 22 : Photo bateau pirate Playmobil, p. 29, catalogue jouet « Le train bleu » 1993 / Page « Les garçons », p. 17, catalogue Carrefour « Les jouets », 14 nov.-17 déc. 1994 / Photo de couverture du catalogue Lego Technic 1990 / P. 24 : Console Nintendo, p. 63, catalogue de jouets « Le train bleu » 1993 / P. 26 : Tenue garçon p. 123, catalogue CAMIF automne-hiver 90/91 / P. 27 : Pull The lion King, p. 43, catalogue Carrefour « Les jouets », 14 nov.-17 déc. 1994 / Tenues enfants p. 129, 134 et 821, catalogue CAMIF automne-hiver 90/91 / P. 28 : pp. 524 et 528, catalogue La Redoute automne-hiver 98/99 / P. 29 : pp. 525, 651 et 653, catalogue La Redoute automne-hiver 98/99 / P. 34 : Visuel jaquette cassette vidéo, *Les Bleus champions du monde*, TF1 Vidéo 1998 / P. 35 : Publicité Panini, p. 31, *Le Journal de Mickey* n° 2169, 12 janvier 1994 / P. 43 : 45t AB Productions, *Mon petit Poney* / 45t Adès, *Mimi Cracra chanté par Amélie*, 1986 / 45t Adès, Anne, *Oliver*, 1989 / CD *Pour l'amour d'un garçon*, Helène ROLLES, AB BMG 1992 / CD *Les Bêtises* Vol. 8, Henri Dès, PMJ 2002 / 45t *Les neiges de l'Himalaya*, Dorothée, AB 1991 / Affiche Dorothée au Zénith, 1995 / CD *Je m'appelle Hélène*, Helène Rolles, AB 1993 / P. 44 : Visuel pochettes CD Air, Radiohead, Massive Attack, Daft Punk / P. 45 : CD single *Spice Up Your Life*, Spice Girls, Virgin Records 1997 / CD single *Baby One More Time*, Britney Spears, Jive 1999 / CD *Paris sous les Bombes*, NTM, Jive Epic 1996 / CD *Dieu m'a donné la foi*, Ophélie Winter, East West France 1995 / P. 46 : *Toboggan* n° 148, Mars 1993, Milan Presse / Couverture *Picsou Magazine*, 1991 / Couverture *Bussi l'ours, le magazine des enfants* / P. 47 : *Ateliers Magazine*, n° 2 décembre 1993 / *Le Journal de Mickey*, n° 1959, 29 décembre 1993 / Publicité Popi in *Astrapi* n° 193, novembre 1986 / *Oxébo* n° 1, éditions Milan, mai-juin 1997 / *Science & vie Junior hors-série* n° 14 : Le cerveau et l'intelligence, avril 1990 / *Le Journal de Mickey* n° 2169, 12 janvier 1994 / *Spirou* n° 3000, 11 octobre 1995 / *Le Journal de Mickey* n° 2000, 19 octobre 1990 / P. 48 : Couverture du catalogue Dargaud 1997 / *Les chroniques de la lune noire* in Catalogue Dargaud 1997 / Catalogue bandes dessinées Casterman, 1997 / Album *Spirou* n° 268, éditions Dupuis, 2003 / *Spirou et Fantasio à New York*, tome 39, Tome et Janry, éditions Dupuis 1987 / P. 49 : *Cédric*, Tome 3 : Classes tous risques, Laudec et Raoul Cauvin, éditions Dupuis 1990 / Album *Spawn* n° 4, McFarlane, éditions Semic 1997 / Bandes dessinées *Corto Maltese* d'Hugo Pratt *in* Catalogue bandes dessinées Casterman, 1997 / *Angel*, vol. 2, U-Jin, éditions Tonkam 2000 / Illustration p.18, *Dragon Ball* n° 39, Boo, Akira Toriyama, éditions Glénat 1999 / *Les Psy*, tome 8 : Areuh ! de Bédu et Raoul Cauvin, éditions Dupuis 2000 / *Les femmes en blanc*, Les jeunes filles opèrent, Tome 4, Raoul Cauvin et Philippe Bercovici, éditions Dupuis 1988 / *Lanfeust de Troy*, Tome 1 : L'ivoire du Magohamoth, Didier Tarquin et Scotch Arleston, éditions Soleil 2003 / *Dragon Ball* n° 39, Boo, Akira Toriyama, éditions Glénat 1999 / P. 50 : *Jojo la Mache*, Olivier Douzou, éditions du Rouergue 1993 / P. 51 : *Lili se dispute avec son frère*, *Alex est handicapé* et *Max et Lili se sont perdus*, Dominique de Saint Mars et Serge Bloch, Coll. Ainsi va la vie, éditions Calligram 2004 / *Chien bleu*, Nadja, éditions L'École des loisirs 1989 / *Tom-tom et Nana, bonjour les cadeaux !*, Bernadette Desprès, Jacqueline Legrand C. Cohen, éditions Bayard 1991 / *Mireille l'Abeille*, Antoon Krings, Coll. Drôles de petites bêtes, éditions Gallimard Jeunesse - Giboulées 1994 / *Joker*, Susie Morgenstern, Coll. Mouche Poche, L'École des loisirs 1999 / *La Sorcière de Venise*, A. Molesini et D. Ménard, Coll. Neuf, éditions L'École des loisirs 1994 / *La coccinelle*, collectif, Mes premières découvertes, Gallimard 1989 / *La rivière*, collectif, Mes premières découvertes, Gallimard 1992 / *Loulou le Pou*, Antoon Krings, Coll. Drôles de petites bêtes, Gallimard Jeunesse 1995 / *Une tante sous hypnose*, D. Robson et J. Lewis, Coll. Kid Pocket, éditions Pocket 1994 / *Prisonniers du miroir*, R.-L. Stine, Coll. Chair de poule, éditions Bayard Poche 1995 / *Même les princesses doivent aller à l'école*, S. Morgenstern et S. Bloch, Coll. Mouche, L'École des loisirs 1992 / P. 52 : *Harry Potter à l'école des sorciers*, Joanne K. Rowling, Folio Junior n° 899, éditions Gallimard Jeunesse, 1998 / *Peggy Sue et les Fantômes*, Tome 1 : Le Jour du chien bleu, Serge Brussolo, Pocket Jeunesse 2004 / *Connexion interdite*, Michael Coleman, Folio Junior, Gallimard 1998 / *Pas de dédicace pour Lily Plume*, Coll. L'Énigme des vacances, Nathan 2003 / *Ma première boum*, Ségolène Valente, Coll. Cascade, éditions Rageot 1999 / *L'espion de Fort Liedot*, Mitrecey Dan, Coll. Fort Boyard, éditions Fleurus 1994 / P. 53 : *À la croisée des mondes*, Tome 1 : Les Royaumes du Nord, Philip Pullman et Jean Esch, Folio Junior, éditions Gallimard Jeunesse 14 mars 2000 / *Twilight* - Tome 1 : Fascination, Stephenie Meyer, éditions Hachette 2005 / *Le cérémonial des ombres*, Michel Honaker, Coll. Tribal, Flammarion 2009 / *Aux frontières du réel* - La guerre des coprophages, Martin Ls., éditions J'ai Lu 1999 / *Aux frontières du réel* – Compressions, Steiber Ellen, éditions J'ai Lu 1999 / *Les Buveurs de rêves*, Michel Honaker, Coll. Castor poche, Flammarion 2000 / *Les guerriers de la nuit*, Graham Masterton, Coll. Terreur, éditions Pocket 1998.

Crédits :

P. 6 : Luc Montagnier © Louis Monier/Rue des Archives / Hergé © Rue des Archives/RDA / Navette Challenger © Rue des Archives/RDA/NASA / p. 7 : Yannick Noah © Rue des Archives/AGIP / Madonna © Rue des Archives/BCA / Carl Lewis © Rue des Archives/AGIP / Lech Walesa © Spaarnestad/Rue des Archives / Tchao Pantin © Rue des Archives/RDA / P. 10 : Red Hot Chili Peppers © Rue des Archives/BCA / Conférence de presse Herbert von Karajan © Lebrecht/Rue des Archives / Super Mario Bros. © Rue des Archives/PVDE / P. 11 : Michel Berger © Rue des Archives/AGIP / Les Bisounours © Rue des Archives/RDA / Montres Swatch © Imago/Rue des Archives / P. 13 : Collégiennes © Valérie WINCKLER/RAPHO / Magasin Le nain bleu © Alen MEAULLE/GAMMA / P. 15 : Collégienne © Valérie WINCKLER/RAPHO / Merchandising Mondial 98 © CROCHET PHILIPPE/PHOTONEWS/GAMMA / P. 16 : Pogs © Xavier ROSSI/GAMMA / P. 17 : Cours Sylvan © CELY JEAN/ JDD/GAMMA / Ecole primaire © Jean-Michel TURPIN/GAMMA / P. 18 : Le plus beau métier du monde © Rue des Archives/CSFF / P. 19 : Baccalauréat © Alain DENANTES/GAMMA / Lycée professionnel © Alain LE BOT/GAMMA / P. 20 : Affiche La petite sirène © Rue des Archives/RDA / P. 21 : Publicité Playmobil © The Advertising Achives/Rue des Archives / Fille avec poupées Ken et Barbie © 1012/GAMMA / Tamagotchis © ROSSI XAVIER / Cabbage Patch Kids © The Advertising Archives/Rue des Archives / P. 22 : Playmobil radar © CAMERAPRESS/GAMMA / Playmobil camion de pompiers © Clara Molden /Telegraph/CAMERAPRESS/GAMMA/GAMMA-RAPHO / P. 23 : Shopping de Noël © David LEFRANC/GAMMA / Publicité duplo © The advertising Archives/Rue des Archives / P. 24 : Sega Mega Drive © The Advertising Archives/Rue des Archives / Game Boy Nintendo © The advertising Archives/Rue des Archives / Playstation © The advertising Archives/Rue des Archives / Pokemons © 6569/GAMMA / P. 25 : Street Hockey © Jean-Pierre LEMARCQ/GAMMA / Fingerboard © Chris HERBRAND/GAMMA / Handboard © Chris HERBRAND/GAMMA / Adolescent à VTT © Jean-Luc PETIT/GAMMA / P. 27 : Magasin Benetton © Alain LE BOT/GAMMA / Publicité Waikiki © Frédéric REGLAIN/GAMMA / P. 28 : Mode dans les rues de Paris 1997 © Alexis DUCLOS/GAMMA / Mode dans les rues de Paris 2001 © Alexis DUCLOS/GAMMA / Mode dans les rues de Paris 2000 © Alexis DUCLOS/GAMMA / Graph et rap à la fac de Saint-Denis © Pool DUCASSE/LOUNES/GAMMA / P. 29 : Mode dans les rues de Paris 2001 © Alexis DUCLOS/GAMMA / P. 30 : Fast-food Quick © Alain LE BOT/GAMMA / P. 31 : Figurines M&Ms © ROGER L. WOLLENBERG/UPI/GAMMA / P. 32 : Edgar Grospiron © JO ALBERTVILLE/GAMMA / Fabrice Guy © JO ALBERTVILLE/GAMMA / Surya Bonaly © Pool JO ALBERTVILLE/GAMMA / Tara Lipinski © Patos/Rue des Archives / Jean-Luc Crétier © Alexis ORAND/GAMMA / P. 33 : Drapeau des JO de Barcelone © CHARLIER THIERRY/CAMERAPRESS/GAMMA / Brahim Asloum © Pool JO SYDNEY 2000/GAMMA / David Douillet © Pool JO ATLANTA 96/GAMMA / Plongeur aux JO de Barcelone © ZAR/CAMERAPRESS/GAMMA / Marion Jones © Pool JO SYDNEY 2000/GAMMA / Linford Christie © Pool JO BARCELONE 92/GAMMA / P. 34 : Zinedine Zidane © FINALE COUPE MONDE 98/GAMMA / Champs Elysées © Pool DEVILLE/DUCLOS/GAMMA / Foule parisienne © Gilles BASSIGNAC/GAMMA / Supporters nantais © Pool DEMANGE/LE BOT/GAMMA / P. 35 : Joueurs brésiliens © Michel GOUVERNEUR/PHOTONEWS/GAMMA / Supporter brésilien © Pool BULCAO/SASSAKI/GAMMA / Supporter brésilien © Michel GOUVERNEUR/PHOTONEWS/GAMMA / Stade de Furiani © Pool LEMIRE/REGLAIN/GAMMA / P. 36 : Alain Prost © Jean-Marc LOUBAT/GAMMA / Damon Hill © CAPITAL PICTURES/GAMMA / Schumacher & Irvine © PONOPRESSE/GAMMA / Imola 1994 © Jean-Marc LOUBAT/GAMMA / P. 37 : Richard Virenque © BOLCINA JIMMY/PHOTONEWS/GAMMA / Lance Armstrong © NICO VEREECKEN/PHOTONEWS/GAMMA / Laurent Jalabert © PHOTONEWS/GAMMA / Tour de France 2007 © DAVID SILPA/UPI/GAMMA / Jan Ullrich VOS COR/PHOTONEWS/GAMMA / P. 38 : Pete Sempras © WALSCHAERTS FRANCOIS/PHOTONEWS/GAMMA / Pete Sempras vainqueur © Art SEITZ/GAMMA / Agression de Monica Seles © Pool KOEPCKE/PIEL/GAMMA / Martina Hingis © CROCHET PHILIPPE/PHOTONEWS/GAMMA / Marie Pierce © William STEVENS/GAMMA / P. 39 : Victoire de la Dream Team © JO BARCELONE 92/GAMMA / Shaquille O'Neal © Pool JO ATLANTA 96/GAMMA / Michael Jordan © JO BARCELONE 92/GAMMA / Finale France-USA © Pool JO SYDNEY 2000/GAMMA / Finale France-USA © UPI/GAMMA / P. 40 : Manifestation anti-CIP © Michel BARET/RAPHO / Manifestation à Nantes en 1998 © Alain LE BOT/GAMMA / Manifestation anti-Le Pen © Alain BUU/GAMMA / Manifestation anti-Le Pen © Elise HARDY/RAPHO / Marche contre le sida © Pool BUU/REGLAIN/GAMMA / Solidays 2001 © CECCARINI J.J/J.D.D / Action Act-Up place de la Concorde © Gérard Julien/AFP / Teknival © STEPHANE / P. 41 : Affiches pour services Minitel © Souliman/SIPA / Pamela Anderson © Rue des Archives/BCA / Basic Instinct © Rue des Archives/BCA / Lara Croft © Rue des Archives/PVDE / Linda Evangelista © SIGNORELLI/GAMMA / Cindy Crawford © Alain FULCONIS/GAMMA / Claudia Schiffer © William STEVENS/GAMMA / Naomi Campbell © Alexis DUCLOS/GAMMA / Full Monty © Rue des Archives /BCA / Chippendale Tour © James Veysey/CAMERAPRESS/GAMMA / P. 42 : Hélène Rolles et Dorothée © Laurent SOLA/GAMMA / P. 43 : Hélène à Bercy © Alain BENAINOUS/GAMMA / Henri Dès © ARNAL/STILLS/GAMMA / P. 44 : Bjork © PHIL POYNTER/CAMERAPRESS/GAMMA / Isabelle Boulay © Alain BENAINOUS/GAMMA / Hélène Segara © Alain BENAINOUS/GAMMA / Lara Fabian © ARNAL/STILLS/GAMMA / Céline Dion © PONOPRESSE/GAMMA / P. 45 : Jay-Z © FRANCK SAUVAIRE/CAMERAPRESS/GAMMA / Zebda © DUFOUR SEBASTIEN / Christina Aguilera © SEAN MURPHY/CAMERAPRESS/GAMMA / Mariah Carey © Pool BENAINOUS/SCORCELLETTI/GAMMA / P. 51 : Antoon Krings © Ulf ANDERSEN/GAMMA / P. 52 : Harry Potter © ROSSI XAVIER / P. 54 : Toy Story © Rue des Archives/RDA / P. 55 : Danse avec les loups © Rue des Archives/RDA / Madame Doubtfire © Rue des Archives/RDA / Jurassic Park © Rue des Archives/RDA / Robin des bois © Rue des Archives/RDA / Jurassic Park © Rue des Archives/BCA / Maman, j'ai encore raté l'avion © Rue des Archives/RDA / Last action Hero © Rue des Archives/RDA / Le Roi Lion © Courtesy Walt Disney Productions/BCA/Rue des Archives / Aladdin © Rue des Archives /BCA / Pocahontas © Rue des Archives/ AGIP / The Mask © Rue des Archives/BCA / P. 56 : Titanic © Rue des Archives/RDA / Astérix et Obélix contre César © Etienne George/Rue des Archives / Astérix et Obélix contre César © Etienne George/Rue des Archives / Gladiator © Rue des Archives/BCA / Affiche Scream © Rue des Archives/RDA / P. 57 : Affiche Taxi © Rue des Archives/RDA / Samy Naceri et Frédéric Diefenthal dans Taxi © Rue des Archives/Collection CSFF / Affiche Matrix © Rue des Archives/RDA / Affiche Le cinquième élément © Rue des Archives/RDA / Affiche Mars Attacks © Rue des Archives/RDA / Independence Day © Rue des Archives/BCA / Jake Lloyd, de La guerre des étoiles © Rue des Archives/RDA / La guerre des étoiles : La Menace Fantôme © Rue des Archives/RDA / P. 59 : Power Rangers © Rue des Archives/BCA / Club Dorothée © Baudelet/TF1/Sipa / Les Maîtres de l'univers © Rue des Archives/RDA / Le Miel et les Abeilles © Chognard/TF1/Sipa / Salut les Musclés © Saradjian/TF1/Sipa / Le Miracle de l'amour © Saradjian/TF1/Sipa / P. 60 : X-Files © Rue des Archives/BCA / Sauvés par le gong © Rue des Archives/BCA / Les Années collège © Rue des Archives/BCA / Melrose Place © Snap Photo/Rue des Archives / Magazine La vérité est ailleurs n° 5, avril 1996 / P. 61 : Buffy contre les vampires © Rue des Archives/BCA / Charmed © Rue des Archives/BCA / Beverly Hills, Vacances au Beach Club, Mel Gilden, J'ai Lu 1994 / P. 62 : Doc et Difool © Frederic REGLAIN/GAMMA / Poste radio, p. 821 catalogue CAMIF automne-hiver 90/91 / P. 63 : J.-M. Morandini, Chérie FM © Elsa TRILLAT/GAMMA / J.-P. Baudecroux et J. Lang © Pool DUFOUR/THOMAS/GAMMA / Difool sur Skyrock © Manuelle Toussaint/Gamma / Logo Le Mouv', 2000.